原田 寛

最後の直弟子が語る

芦原英幸との八年間

幻冬舎

まえがき　拾われし者の使命

平成三十一年四月二十四日。この原稿を本格的に書き始めた日である。

そしてこの日は、〝ケンカ十段〟の異名で知られた伝説の空手家・芦原英幸の命日。

芦原英幸に拾ってもらった昭和六十二年のあの日から、早くも三十二年の月日が流れた。時は移ろい、平成から令和へと元号も変わった。

不世出の空手家として数々の伝説を残した芦原英幸の人生は、まさに「壮絶」の一語に尽きた。

存在自体が超人的だった芦原英幸には、死など訪れないと思っていた。しかし、彼の身にも不変の真理は訪れた。他の人と何一つ変わらず、自然のあるがままに、そのときは訪れてしまった。

「人間は、必ず死ぬ」

という当たり前のことを身をもって知った。

初めて松山に来て芦原会館を目にしたあの日、それから数年を経て芦原先生の死に遭遇するとは、夢にも思っていなかった。先生との出会いと最期の別れのシーンが脳裏から離れることはない。

芦原先生は、筋萎縮性側索硬化症（ＡＬＳ）という難病を患い、強靭《きょうじん》さを誇ったその肉体は徐々に衰えていった。最晩年は言葉を発することもままならず、私が自作した文字盤を使って必死に意思を伝えてくれた。

正に、命の炎を最期まで燃やしきっていくような日々の中、文字盤に綴《つづ》った一文字一文字。

「生きていたい」

「まだ、死ぬわけにはいかない」

「死にたい」

日によって精神状態が変わるため、生きることを望む日もあれば、死ぬことを願う日もあった。それらを受け止めるたびに、日常の会話の重要さと、言葉の重みを知った。

振り返ることでしか人生の確認はできない。芦原先生に出会った頃の私は、まさかその最期を看取《みと》ることになるとは思ってもいなかった。芦原英幸という空手家の激動の人生の晩年に、私自身が引き込まれ、その体験の全てが人生の生きる糧になるとは……。

月日は積み重なり、私自身も、芦原先生が天国に旅立ったのと同じ五十歳という年齢を迎えた。在りし日の芦原先生に対して共感のような感情を覚えることも多くなったと書くのはおこがましいだろうか。

芦原先生の死後、様々なことがあった。自分なりに、目の前の試練を乗り越え、今までの人生を必死に生き抜いてきたつもりでもある。

そしてようやく、芦原英幸の最も近くで仕えたあの頃の体験を冷静に振り返ることができるようになった。

「死」という自然の真理は、当たり前だが私自身にも降り注いでくる。次世代の人間も無事に育ってきている中、直弟子として身近に接することでしか知り得なかった芦原英幸の真の姿を整理しておこうと思うに至った。

空手家・芦原英幸。

私の人生において、二人といない唯一無二の偉大なる師匠である。

今から四十年ほど前の、スポ根漫画ブームの時代。「少年マガジン」誌に連載された梶原一騎原作の人気漫画『空手バカ一代』において、大山倍達《ますたつ》に次ぐヒーローとして一世を風靡《ふうび》したのが芦原英幸だった。

しかも彼は、漫画だけの存在ではなかった。実在する人物として、当時の少年たちの多くが憧れたスーパーヒーローだったのだ。

当時、『空手バカ一代』に描かれることでその名を知られるようになった芦原英幸は、日本列島に極真空手ブームを巻き起こした中心人物としても注目されることとなる。その強さと行動力は尋常なものではなく、一挙手一投足が注目された。また、空手家としては異例とも言えるほど柔軟な発想力を有した人物でもあった。だが、そういう強烈な個性を持った人間の宿命とも言えるのだろうか、一つの団体の器の中には収まりきれない存在となり、長年在籍していた極真会館を永久除名処分となった。

その後、芦原英幸は自身の空手団体「芦原会館」を設立し、独立独歩の道を歩むこととなる。独立後も精力的に活動を続け、独自の空手技術「サバキ」を体系化（サバキとは、相手の攻撃を受け流し、円運動からサイドステップを用いてカウンターで攻める技術である）。持ち前の行動力で、組織を国際的なものへと発展させていった。空手の技術書や教習用ビデオも次々と世に送り出し、「空手界の天才」と評される大反響をもたらした。

そこにはまぎれもなく、師匠・大山倍達に対する挑戦という側面があった。

大山倍達率いる極真会館への反骨心が、芦原英幸のエネルギー源となっていたのは間違いないように思う。大山倍達も芦原英幸の挑戦を真正面から受け止めた。両雄並び立たずという言葉があるが、それはあの二人にも当てはまるのだろうか。師弟でありながら、強烈なライバルでもあった二人は、高次元での切磋《せっさ》琢磨《たくま》を繰り広げていたように思える。空手家としての強さが突出していた二人は、その指導力も抜きん出ていた。後の空手界や格闘技界において、世界的に影響を与える多くの弟子を輩出したのだ。

そんな人物であっただけに、芦原先生は、常に強烈なオーラをまとっていた。彼を取り巻く空気が緩んだものになることはなかった。接しているだけである種の修行になるような緊張感があったのだ。

早口で頭の回転が速く、並みの人間の何歩も先を行き、どれだけ努力しても差が広がる一方と感じざるを得ないほどの存在感。天才的な発想力と鬼神のような行動力で、空手界における別次元の革命児でもあった。

常に人の輪の中心にいる芦原先生は、太陽のように眩《まばゆ》い光を放ち、人を強烈に惹きつける魅力があった。

しかし……。

その裏には別の顔があった。誰一人として絶対に信用しない猜疑《さいぎ》心の塊のような側面も持ち合わせていたのだ。しかもその猜疑心は、家族に対しても向けられた。

芦原英幸には、強烈な光と闇が存在した。

対人関係においても、白か黒かしかなく、決してグレーが存在しない。

その性格ゆえ、離れていく人間も多かった。しかも、芦原英幸との距離感が近ければ近い人ほど、去っていかざるを得なくなってしまったというのもまぎれもない事実だった。

「人間五十年、下天の内をくらぶれば、夢幻のごとくなり」

芦原先生のことを思い出そうとすると、このつぶやきを発する先生の姿が真っ先に脳裏に浮かぶ。

芦原先生を松山空港に送り迎えする車中、左手に持つタバコを車の助手席の窓から突き出すお決まりのポーズで、流れゆく景色の先を見つめながら、よくこうつぶやいていたのだ。

そして、これまたお決まりなのだが、

「おい原田、俺を歴史上の人物にたとえたら誰だろう？」

と私に聞いてくるのだった。

ハンドルを握りながら首をかしげ、「押忍《おす》……？」と言葉を濁すのが精一杯だったが、心の中ではいつも、「織田信長って言ってほしいに決まってる！」と思っていた。

本人も茶目っ気たっぷりにニコッと笑ってこちらを向き、

「織田信長かな？」

などと言っていたが、

「でも信長は五十歳で亡くなっただろ？　早過ぎだよな。梶原（一騎）先生も五十歳で亡くなったし……。やっぱり俺は、真田かな～？　原田、どう思う？」

と、答えようのない問いを投げかけてくるのであった。

本人も織田信長のようでありたいと思っていた節はあるが、五十歳で亡くなったことが気に入らないらしい。生前、よくそう語っていた。自身を世に送り出してくれた漫画原作者の梶原一騎先生が五十歳という若さで亡くなったことも、その思いに影響を及ぼしていたのかもしれない。

そんな風に語っていた芦原先生が、織田信長や梶原一騎先生と同様、五十年でその生涯に幕を下ろしてしまったのは運命のいたずらなのだろうか。芦原先生の生涯を思うと、まるで駆け抜けるようにして現世で暴れまわったかのような印象を受ける。

空手界に革命を起こし続けた芦原先生だが、晩年に挑んだ大革命を成し遂げるまであと一歩のところで跳ね返され、どん底に叩き落とされた。

その大革命に挑んでいる最中、当時は有効な治療法がないとされていたＡＬＳという難病を発病。誰にも避けることができない肉体の滅びが刻一刻と迫ってくる中、時に生に執着し、時に運命を受け入れたかのような諦めの境地に陥った。もがきにもがいた最後の三年間であったように思う。

人生は、一度きりであるし、リセットもきかない。変化していく世の中の動きを正確に予測することなどできるはずがない。だから、不測の事態への準備はしておくべきだと思うが、それでも「まさか」と思わざるを得ないことが起きるのが人間社会である。芦原先生が五十歳の若さで亡くなるなんて、誰も思っていなかった。

私は、芦原英幸の最晩年の八年間を一番近くで仕え、その壮絶な最期を看取った最後の直弟子である。

仕え始めたのは、高校卒業したての十八歳のときだった。

初任給三万円のアルバイト職員。私の人生はそこからスタートした。

初めての仕事が、芦原英幸のカバン持ち兼運転手。

右も左もわからない、世間知らずの小僧だった。そんな小僧を芦原先生は拾ってくださった。

いわゆる「拾われし者」である。

そういう人生が幸せなのか、それとも不幸なのか？

それはわからない。だが、拾ってもらったご恩は生涯忘れない。

何の因果か、多くの弟子が芦原先生の元を去っていく中、辞め時を失い、最も側《そば》で仕える者として最後の一人になってしまった。

私が天から授かった使命とは何だったのか？

芦原先生の死に際しては葬儀委員長を拝命し、遺言通りの葬儀を取り仕切った。また、芦原先生の長男である英典君を二代目館長に就任させるべく奔走《ほんそう》した。

芦原先生の側近であったがゆえに、望むと望まざるとにかかわらず組織のキーパーソンのような役割を演じざるを得なかった。

必然、力を持ち過ぎた要注意人物としても扱われるようになり、最終的に芦原家にとって目の上の瘤《こぶ》的な存在となってしまった。そして、三十歳のときに芦原会館を退職したのである。

振り返ると、それが運命だったと思わざるを得ない。意志の力で乗り越えた壁もあるにはあるが、意志とは無関係に背負わされた役目も多々あった。歴史の転換期の波に呑まれ、組織の事業承継という難問に向き合わざるを得なくなってしまった。組織において、継承は一大事である。関係各位の思惑が錯綜《さくそう》する中、繋《つな》ぎ役あるいは調整役として自分なりに懸命にその役をこなした。そして、それが終わった暁《あかつき》には、私は組織から去っていく運命だったのだろう。もちろん、当時はそう冷静に思えるはずもなく、後に理解できたことではあるが。

しかし、誰でも味わえるわけではないドラマの中で生き抜いていったおかげで、「何があったとしても最後まで、絶対に諦めない」という強い精神力を養うことができたのも事実である。

組織を離れた後、様々な分野の方々との貴重な出会いを経験した。苦しい局面もあったが、その際に自分を支えたのは、芦原先生の指導を受ける中で培われた精神力や忍耐力である。芦原先生の伝説的な逸話は、多くの書籍の中で真実であるかのように書かれている。もちろん、そこには真実もあるが、事実と異なるものも数多く見られる。単純に、事実関係の確認を怠ったがゆえの脚色もあるだろう。だが、読者はそういった逸話を好み、受け入れた。超人的な「芦原英幸」のイメージは、そうやってどんどん膨らんでいったように思う。

長年、私はそこに違和感を抱いていた。

本書を世に出そうと思ったきっかけの一つは、脚色された芦原英幸のイメージを排し、「人間・芦原英幸」の真の姿を伝えたいとの思いが強まったことだった。人間離れした超人的な逸話ではなく、芦原英幸を側でずっと見てきた私だからこそ伝え得る真実を、できる限りこの両目で見てきたままに、そして両耳で聞き取ってきた言葉通りに伝えたいと思ったからである。

「芦原会館」という組織の内側にいた頃は、芦原先生の発言に対しては、たとえ違うと思ったことでも「押忍！」と答えることしかできなかった。反対意見を言うということは、破門されることを意味していた。

「そんな関係は間違っている」と言われればそれまでだ。理不尽と言われれば返す言葉もない。今の時代からすれば信じられないような世界だろうが、当時の私はそれが当たり前だと思っていた。もちろん、信頼する先輩がひどい目に遭えば、「なぜだ！」と義憤に駆られることはあったが、それでも芦原先生に対して意見するなんてことは考えられなかった。

芦原英幸の元で修行した八年間は、今でも非常に厳しい思い出として心の中に宿っている。

芦原英幸の元を去っていくのは、組織内の貢献度が高い者が多かった。実力が大きければ大きいほど、それまでの高評価が一変し、誹謗《ひぼう》中傷へと変わっていった。

あの頃は、その急変に戸惑うことしかできなかったが、その誹謗中傷こそが本物の証《あかし》なのだと今にして思うこともある。芦原英幸が認めたからこそ贈られた「勲章」なのかもしれない。

前述した通り、芦原先生の葬儀において私は葬儀委員長を拝命した。芦原先生の遺言通りに、この「勲章」を受け取った直弟子の諸先輩方の門前払いを実行した。

あんな苦しいことはもう二度とやりたくない。

芦原会館を退職後、葬儀で門前払いをした直弟子の方々に、自分なりの誠意を尽くしてお詫《わ》びに行った。

「破門」された先輩たちと率直に語らいながら、芦原先生から聞いていたこととは違う真実があることを初めて知った。芦原会館在籍時は「内側からの視点」しか持っていなかった私だが、退職したことで「外側からの視点」を獲得することができたのだ。葬儀において「門前払い」などという失礼極まりない対応をした私であるにもかかわらず、嫌な顔一つせずにお会いしてくださった先輩方。空手の実力もさることながら、人間的な器の大きな方たちばかりだった。

人生に別れはつきものである。その別れが円満にはいかないものであった場合、人は自分を正当化することがある。芦原先生とて、例外ではない。

そういうことに思いが至らず、芦原先生を絶対視した私は未熟だったのだ。思いが至ったとしても、何に対しても「押忍」としか答えられなかった私は、やはり未熟だったのだ。繰り返しになるが、当時の私は芦原英幸に対して忠誠を尽くすことだけしかできなかった。

月日は流れ、私も年を重ねた。芦原会館を退職して、長い年月が経《た》った。今の私が、芦原英幸に対して全ての同意を意味する「押忍」だけしか返せないのだとしたら、何の成長もしていないことになる。それは、誰よりも芦原先生に対して申し訳ない。

私なりに見てきた芦原先生の姿を書こうと思う。芦原先生から浴びせられる誹謗中傷を「勲章」にして、とてつもないスケールで活躍している直弟子の先輩方の真実も語りたいとも思う。

今なお活躍の場を広げる芦原先生の直弟子たちの足跡を知っていただければ幸いです。そして何よりも、人間としての芦原英幸の魅力と迫力を肌で感じていただければ幸いです。

押忍

元、一門下生　原田寛

目次

第三部

第一部

芦原英幸に弟子入りする

空手家・芦原英幸。

その人は、私の憧れだった。

――この玄界灘を渡り、芦原先生の元で修行して強くなりたい。

それが私の願いだった。

私は、一九六九年二月十四日に福岡県北九州市で生を受けた。

緑豊かな皿倉山の青あらしの風、金山川周辺の長閑《のどか》な田園風景。穏やかな景色が広がってはいたが、その一方で、風向きが変われば八幡製鉄所の煙突の煙の臭いが立ち込める。

川筋者が集う炭鉱で栄えたそんな町で、私はやんちゃ盛りに育った。

当時、高度経済成長の波に乗り、製鉄で栄える鉄の町は人、人、人の活況に沸き、エネルギーに満ち溢《あふ》れていた。

年に一度の秋の風物詩、八幡製鉄所の起業を祝う「起業祭」。秋の夜長の風情が今も忘れられない。

郷里を離れ早や三十二年、その全てを愛おしく感ずる。

私が北九州で過ごしていた当時、時代はスポ根漫画、劇画ブームだった。

子どもたちは、大好きな週刊漫画を食い入るように読みふけり、その劇画の物語の中へと自身を深く浸透させていった。

数ある漫画の中でも、特に人気があったのは、「少年マガジン」に連載された梶原一騎先生原作の『空手バカ一代』だった。

当時、私は八幡西区鉄竜町の製鉄社宅に住んでいたが、そこから歩いてすぐの相生町に秋田書店という本屋があった。近所の子どもたちはみんなそこに集まり、顔をくっつけ合うようにして『空手バカ一代』を読みふけっていた。買うお金がないので立ち読みではあったが、特に叱られることもなかった。

その漫画を通じて、私は「芦原英幸」の存在を知ることになる。

——こんな人が実在するのか！

とシンプルに驚いた。私だけではなく、「芦原英幸」は多くの子どもに鮮烈な印象を与えた。

「かっこいいなー！　本当に四国の八幡浜という町に、この人がいるんだ？　いつか、自分も空手の修行に行ってみたいな」

友達同士でそんなことを語り合った少年時代が懐かしい。小学校低学年だった子どもの純粋な願いが、いつの日か将来の夢となった。希望に満ち溢れていた。


それから時は経過して、一九八四年。私は十五歳になっていた。

高校は地元の新設校、福岡県立北筑高校へ進学した。先に空手道場に通っていた一つ上の親戚の導きもあり、かねてからの夢であった空手道場へと入門した。

その空手道場と言うのが、芦原会館北九州支部だった。これは全くの偶然なのだが、私は少年の頃に憧れた芦原英幸が率いる団体で空手を学ぶことになったのである。

今のようにインターネットで情報収拾ができる時代ではない。ましてや当時十五歳の少年だった私は、空手界を取り巻く情勢の予備知識もなかった。ゆえに知らなかったのだが、芦原英幸が極真会館から独立して設立したのが芦原会館だった。

裏事情はよく知らない当時の私だったが、時代の最先端をいく空手技術を身につけられる道場だと聞き、胸を躍らせながら稽古に明け暮れた。

稽古は、毎週月・水・金。学校が終わるや否やすぐに自転車に乗り、約一時間かかる道場までの道程を、雨の日も雪の日も、苦もなく通い詰めた。

勉強そっちのけで、空手の世界にどっぷりと浸かる日々。週三回の稽古が本当に楽しくて仕方がなかった。

そんな風に空手にのめり込むようになってから一ヶ月くらい経った頃だったと思うのだが、審査会を受審するために博多に向かう親戚に同行したことがあった。

――審査会って何をやるんだろう？

――どんなに強い人がいるんだろう？

審査会場には昇級や昇段を目指す者たちが二百人はいただろうか。それぞれが、基本・型・コンビネーション・組手を行い、黒帯メンバーがそれを見守っている。審査する側もされる側も真剣そのもの。白帯の者でも、他流派から来た荒くれ者などもまぎれ込んでおり、目の前の黒帯を倒して自分も早く上に昇りたいと息巻いている。黒帯側もプライドがあるので負けるわけにはいかない。そんな張り詰めた雰囲気を感じながら興味津々で審査会場に入った私だったが、その瞬間、正面に座っている背広姿の人物に圧倒された。緊張感漂う会場内でも一際異彩を放つその鋭い眼光は人間のものと思えなかった。

その人物こそ、芦原英幸先生だった。

ただでさえ緊張感溢れる審査会場ではあるのだが、芦原先生が醸《かも》し出す空気は別格だった。立ったまま審査会を見学しているだけなのに、

——あの人がこの会場で一番強い。

と感じ取っていた。それくらい、強烈なオーラだったのである。

休憩時。

その芦原先生が私の横を歩いていった。近くで見ると、その存在感はさらに際立っていた。スーツにショートブーツを履いて闊歩《かっぽ》するその姿は、これまで見たこともない圧倒的なエナジーとオーラを放っていて、眩く見えた。

——凄《すご》い……。これがあの芦原英幸かー！

まるで芸能人を見るような思いで興奮していた私。すると、芦原先生がいきなり私のお腹《なか》に寸止めのパンチを放ったのだ。

「おっと！　強いな！　ボク！」

とジョークを入れながら場をなごます芦原先生。「押忍」と返すこともできずにドギマギとする私に笑顔を向けて、芦原先生はその場を後にした。

芦原先生にとっては日常的な出来事かもしれないが、私にとっては一生忘れることのできない思い出である。

それから一年間、休むことなく稽古に打ち込んだ。そして、高校二年生になり、今度は親戚の同行ではなく、私自身が審査会場に立つために博多に行く日が来た。

基本稽古の審査のとき、中段突きを放った自分を見て芦原先生が、

「おい！　みんな見てみろ、この子の突きを！　稽古しまくっているのが一目でわかるよ。この子は凄くなるな。飛び級だよ」

とおっしゃってくれた。その一言とともに審査が終わった。

そして続けざまに、

「君、高校卒業したら本部の松山に来たらいいよ。芦原の元で、みっちりやったらもっと凄くなれるけん」

と言葉をかけてくださった。

あの芦原英幸にそんなことを言ってもらって嬉《うれ》しくないはずがない。必死に稽古を続けた甲《か》斐《い》があった。その言葉だけでも明日からさらに頑張る活力になる。大人だったら「リップサービスだろうな」と思うかもしれないが、当時の私にはそんなことはわかるはずもない。跳び上がりたくなるような心持ちだった。

だが、本当に驚いたのは審査結果を見たときだった。

五級から三級の緑帯に飛び級をしていたのだ。

顔が紅潮するほど興奮した。

審査会が終わり、博多から北九州に帰る電車の座席でぼんやりと車窓の景色を眺めながら思った。

――俺、芦原先生が言ってくれた通り、高校卒業したら四国の松山に行こうかな？　芦原先生の元で本気で稽古に打ち込んでみたいな……。

今振り返ってみれば、あの電車の中での物思いこそ、「人生の進路」というものを具体的に意識した最初の瞬間だったのかもしれない。

それからさらに一年が経過し、念願の黒帯を取得した。それまで以上の熱意で稽古に明け暮れる毎日。私の心の中で本部行きへの思いは強くなる一方だった。

そして私は決断した。

――高校卒業後、進学はしない。芦原先生がいる松山総本部で空手の修行をする。

生半可な気持ちではなかった。

そんなある日、芦原会館北九州支部の岡崎秀之支部長の結婚式に出席するため、芦原先生が北九州市に来られることとなった。

幸運なことに、福岡空港まで芦原先生をお迎えに行く一員に私も加えてもらったのだ。

空港に降り立った芦原先生は到着するや否や、

「また福岡に来ちゃったな、ばってん」

とジョークをかましながら、

「芦原の九州弁は、おかしいかな？　ばってん」

と皆を笑わせ、和《なご》ませた。

昼食をとるために入った食堂では、

「やっぱり、福岡に来たからには、豚骨ラーメン食べなきゃな、芦原はラーメン！」

と大きな声で注文していた。私はチャンポンを頼んだ。

ラーメンとチャンポンが来た瞬間、芦原先生が割りばしで私の前に来たチャンポンの麺を摘《つ》まみ上げ、

「そっちのほうが、美味しそうだな？　芦原は、そっち食べていい？」

とおっしゃった。断ることができるはずもなく、瞬時に交換となったのは良い思い出である。

芦原先生は、いるだけで周囲を明るくさせる天性の陽気さがある人だった。

しかも、恐ろしいほどの早食い。

ものの数十秒でチャンポンを食べ終えた芦原先生は、

「おいお前ら、フーフーして食べるんだぞ、芦原は、外でタバコ吸いよるけんな」

と言い残し、さっさと店を後にした。

盛大な結婚式も終了し、式場内での二次会となった。

私は緊張していた。高校を卒業したら松山にある芦原会館総本部で修行をしたいと岡崎支部長に告げていたからだ。自分の結婚式であるにもかかわらず、岡崎支部長はその日に芦原先生に話をすると約束してくれていた。いくら感謝してもしきれない人生の恩人である。

岡崎支部長はその約束をきちんと守ってくれた。芦原先生は感に堪えないと言った様子で、

「岡崎、お前も後輩思いで本当に凄い奴《やつ》だな。自分の結婚式の日に後輩のことを気遣って。わかったよ。その子を受け入れるよ」

と言い、ギロッと私を一瞥《いちべつ》した。

「本当に芦原の空手を学びたいのだったら、気を引き締めて来るんだよ。本物の芦原の空手を教えてあげるけんな」

自分の念願が叶《かな》った喜びと、「芦原の空手」という言葉の重みへの緊張が体を駆け巡り、私は「押忍」と答えるのが精一杯だった。

二年間だけの約束だったとは言え、空手の修行のためだけに愛媛に行くことを許してくれた両親には頭が上がらない。何よりも、子どもの夢を優先させてくれた。我が子を持つ身になり、息子が当時の自分自身と同じ年齢になった今、本当に深く感謝している。

高校を卒業した年の一九八七年の五月。

ついに私は、松山へ向かう日を迎えた。

夜十時出航の小倉発・松山行きフェリーに乗り込む。

――憧れの芦原先生の元で空手の修行をして、強くなりたい。

ただ純粋に、その一心だった。

小倉港に向かう列車の中、皿倉山を車窓から見ながら、手帳に小さく「初心忘るべからず」と書いた私は、やはり緊張していたのだろうか。

フェリーに乗り、横になる。枕が小さくて硬かった。だからと言うわけでもないのだが、不安と希望が入り乱れて眠れなかった。

翌朝五時。

ついにフェリーは松山観光港に到着した。

降り立つと、瀬戸内のさわやかな空気が迎えてくれた。

港から松山駅行きのバスに乗り込み、早朝の美しいコバルトブルーの瀬戸内の海を見ながら十五分ほどバスに揺られ、ＪＲ松山駅に降り立った。

バスから降り立ったとき、目に突き刺すほどの朝日がやたらとまぶしかったことを鮮明に覚えている。

その輝きの先に、憧れの芦原会館総本部道場があった。

真っ白なその建物を見た瞬間、希望に燃えた。

芦原会館総本部道場への道のりを颯爽《さっそう》と歩いて、正面入口の玄関ドアに手をかける。いざ、芦原先生の元での修行の日々が始まる……！

――あれ？

笑い話みたいで恐縮だが、ドアは施錠されていて開かなかった。

――おかしいな。朝早過ぎたかな……？

土地勘もなく、やることもない私は、ＪＲ松山駅待合室と会館総本部道場を何度も往復することになった。そろそろ誰かいるかなと思って会館に行っても誰もいない。仕方なく駅に戻る。その繰り返し。何時になってもドアは施錠されたままだった。

何往復目だっただろうか？

さすがに不安に駆られる中、トボトボと松山駅へと戻る途中、ふと横を見ると一匹の犬が尻《しっ》尾《ぽ》を振りながら、私についてくるようになった。

紐《ひも》で繋がれるでもない。自由に行き来している。

後に知ることとなったが、その犬は、芦原先生が拾ってきた愛犬「ジョン」だった。

芦原先生は、捨てられて野良犬のようになっていた犬を拾って大事に育て、鎖に繋ぐこともなく、放し飼いにしていたのだ。人に対してほとんど吠えることのない犬だった。

私もジョンと同じように「拾われし者」である。もしかするとジョンは私に同じ匂いを嗅ぎ取ったのだろうか。ジョンと一緒に松山駅と会館を行き来したあの朝を思い出すと、今でも頬が緩んでしまう。

駅との間を何往復もしたが、会館の玄関はやはり施錠されたままだった。

気づけば、午前十一時頃になっていた。

——何らかの事情で今日は不在なんだろうか。だとしたら、今日はどこに泊まればいいだろう……？

途方に暮れながら、ジョンとともに駅に向かって十メートルほど歩いたとき……！

「オーイ、オーイ」

と、背後から甲高い呼び声が聞こえた。

振り返ると、芦原先生が手招きをして私を呼んでいるではないか。

「押忍！」

と大きな声で返事をし、芦原先生の元に一目散に走っていった。ジョンも嬉しそうに走ってついてくる。

芦原先生に会えた嬉しさのあまり、駅と会館を何時間も往復したことなどすっかり忘れて、

「押忍！　芦原会館北九州支部から修行に来ました、原田寛です！」

と挨拶すると、

「おーそうか？　岡崎から連絡はもらっているよ。よく来たな！　頑張ったら二宮みたいに、アメリカに行って活躍できるけんな。しっかり、頑張れや！」

と言うや否や、

「オイ、俺はマスミ（著者注：芦原先生の奥様）と今から銀行に行ってくるけん。留守番しちょれや。事務所の椅子《いす》に座っとけ。すぐに帰ってくるけんな」

と私に命令し、車に乗り込んでビューッと消えていった。

ちなみに、芦原先生がおっしゃった「二宮」とは二宮城光師範のこと。芦原先生の弟子の中でも人気実力ともに抜きん出た存在で、当時はアメリカのコロラド州デンバーで道場を開設し、活躍の場を世界に広げていた。言わずと知れた大スターで、空手少年たちの憧れの的だった。

それはさておき……。

――何て人だ……。挨拶もそこそこに、松山に来たばかりの僕に留守番を任せるなんて心配にならないんだろうか？

挨拶を交わしてから、ものの数分しか経っていない。留守番を命令された私は呆然《ぼうぜん》とするしかなかった。芦原先生らしい衝撃的な出迎えだった。

私は、勝手がわからないながらも事務所の椅子にちょこんと座り、芦原先生が帰ってくるのを待った。くるくる椅子を回すなどしながら時間を潰し、一時間ほどが経った頃だっただろうか？

突然「プププー！」と大きなクラクションを鳴らしながら、ものすごい勢いで芦原先生が帰ってきた。これが芦原先生の帰宅スタイルであることは後日知ることになるのだが、このときは初めてだったので、何か重大事でも起きたのかと焦ってしまった。

芦原先生がドタドタと事務所に入ってくる。展開の速さについていけない私を気にする様子など全くなく、

「電話も何もなかったか？　九州？」

と聞いてきた。「お、押忍！」と答えると、芦原先生はいきなり「バッ！」と上着を脱ぎ捨てて上半身裸になり、帽子を目深にかぶって玄関前の椅子にドカッと座ったかと思うと、ウトウトし出した。

「九州、俺はな、三冊目の空手技術書の執筆を無事に終えたばかりで、疲れとるけん。今日は一日ゆっくりすると決めとるんよ。お前、三階に上がって、マスミから技術書の原稿もらってこい。そして原稿の中で何か疑問とか質問とかあったら遠慮なしに俺に聞いてくれ」

そう言いながら、目をつむり帽子のつばを下げて本当に眠り始めた。

——お、押忍……。

声に出さずに返事をした私は奥様から原稿をいただき、拝読した。寝ているのか起きているのか不明だが、恐る恐る芦原先生に質問をしてみた。

「先生……？　裏拳を出すときの角度や叩《たた》き方というのは、どうすればいいのでしょうか……？」

芦原先生は、目をつむっていて一見寝ているように見えるものの、

「それは何ページに書いてあるけん」

と即座に答えてくれる。そして、

「お前、この技術書、どう思う？　何冊売れると思う？」

といきなり質問してくるのだ。何冊売れるかなんてわかるはずもない私は、「お、お、押忍」とシドロモドロになってしまった。

そうこうするうちに、「押忍！　おはようございます」と威勢のいい声とともに職員の先輩が出勤されてきた。

芦原先生がパッと目を見開き、その先輩に話しかける。その後、私が公私ともに世話になる里健志先輩である。

「里、こいつ、北九州から来たんだって、今日から、寮に入れてやってくれ。頼んだけん」

「押忍！　里です。よろしくお願いします」

「押忍！　原田と申します。よろしくお願いいたします！」

こうやって私は、芦原会館の寮に正式に入ることになった。

同じ日、実家から新品の布団が届いた。親元から離れたことで、親の有難みをそれまで以上に強く感じた。両親の思いにくるまれて、朝までぐっすり熟睡することができた。

自ら希望した松山での修行。多くの方のお力添えをいただきながらではあるが、その夢が実現した。ついに私は、芦原会館での新生活の日々をスタートすることができたのだ。だが、まだ未成年であるとは言え、何もかも両親や恩師に頼るわけにはいかない。生活費くらいは自分で稼がないといけない。私は、すぐに求人情報をあたり、松山市内にあるアイスクリーム屋でアルバイトをすることになった。時給は五百円。今では考えられない金額だが、あの頃は自分でお金を稼ぐということが単純に嬉しかった。

空手の稽古とアイスクリーム屋でのアルバイト。

今にして思えば不思議な組み合わせだが、何もかもが新鮮で楽しかった。松山の空気もきれいに感じられた。スタートは上々。私は故郷を離れた寂しさを忘れるほどの充実感を抱きながら、松山での修行の日々をスタートさせた。

アルバイト先のアイスクリーム屋さんには、芦原先生がご家族と一緒に来店してくださることが時折あった。

「おー、九州、頑張ってるな。俺にもアイスもらえるか？　頑張るんだよ」

と励ましの言葉もかけてくれた。

自分のアルバイト先にあの芦原英幸が来るなんて……と緊張したが、そうやって声をかけてもらえることは素直に嬉しかった。

後から先輩たちに聞いたのだが、弟子のアルバイト先に芦原先生が顔を見せるというのは、非常に珍しく稀《まれ》なことであったらしい。

「原田、おそらく館長に相当気に入られとるぞ」

寮の先輩たちからそう言われて、舞い上がるような気持ちだった。より一層の気合いを入れて修行に取り組むようになった。

月日が流れ、秋に移ろうかという時期だったと思う。芦原先生から、

「九州、これから新たな取組みを開始するけん。お前、職員のアルバイトとして、九州に帰るまでの間、俺を手伝ってくれんか？　アルバイト代出すけん」

と言われた。思いもよらない誘いの言葉。何をやるのかよくわからないままに、

「押忍！」

と即答した。その後、何度も繰り返すことになる芦原先生への「押忍」。沸き起こる喜怒哀楽の全てをその言葉に凝縮させて、私は芦原英幸に仕え続けた。今思い返すと、無性に懐かしくなる。

もちろん、そのときの「押忍」は喜びの感情を凝縮させた「押忍」である。

――憧れの芦原先生の元で、一緒に仕事ができる！

嬉しくて嬉しくて、跳び上がりそうだった。

こうして私は、晴れて正式にアルバイト職員に抜擢《ばってき》された。一九八七年十月のことだった。

アルバイト職員の期間は、故郷に帰るまでの二年間。二年間の空手修行を終えたら、郷里に帰ることを両親と約束していた。二年なんてあっという間に思えるが、当時の私は十八歳。「二年も芦原先生と一緒に仕事ができる！」という興奮のほうが大きかった。

初任給は三万円だった。二ヶ月目から七万円をいただき、跳び上がって喜んだ。

だが、お金のことより、憧れの芦原先生の元で働けることが何よりも嬉しかった。

「よし、頑張るぞー!!」

何の憂いもなく、希望に燃えていたあの頃の私は、芦原英幸に仕えるということがどういうことか、まだよくわかっていなかったのである。

芦原英幸の光と影

芦原会館のアルバイト職員としての私の一日は、おおよそ次のような内容であった。

午後一時に出勤し、まずは道場の掃除をする。それが終わったら風呂場の掃除。芦原会館はスポーツクラブとサウナも経営していたため、大量のタオルを洗濯して干すという仕事もあった。それ以外にも、庭掃除をしたり、全国の各支部から注文される道着やＴシャツやステッカーなどのグッズ類を箱に詰め込んで発送したり、海外支部への手紙の翻訳作業をしたり、郵便局に行ったり、黒帯の刺繡《ししゅう》屋に行ったり……。

当時の職員は、里健志先輩、Ｔ先輩、私の計三人。三人でこの仕事量をこなすとなると、あっと言う間に時間が過ぎていく。夜になれば空手の稽古もある。月曜日から土曜日まで全四クラスの稽古があり、一日が二十四時間というのが短過ぎると感じるほど目まぐるしく流れていった。

そんな風にして日々を過ごしていたある日、私は芦原先生から厳しい「洗礼」を受ける羽目になった。

事の発端は一冊の本だった。

アルバイト職員になって数週間が経過した頃だったと思うのだが、寮のコタツ台の上に一冊の本が置かれているのが出勤前に目についた。

当時五人ほどいた寮生の誰かが購入し、置き忘れたのだろう。

何の気なしに手に取って見てみると、芦原先生の極真時代の先輩の著作だった。

『人間空手』中村忠・著。

——芦原先生が「尊敬している」と公言している中村先生（※1）の本だ！

出勤が迫っていたので熟読することはなかったが、気にならないはずがない。パラパラとページをめくってみた。

ふと視線を感じて顔を上げると、里先輩がいた。しかも、なぜか神妙な顔をしている。

「……原田、俺は知らんけんな」

そう言い残して去っていく里先輩。

——どういう意味だろう？

いきなりの注意を不審に感じはしたが、里先輩は行ってしまったので確かめる術《すべ》がない。コタツ台の上に本を戻し、私も芦原会館に出勤するために寮を出た。里先輩の言葉の意味がわかったのは、この直後のことだった。

出勤して仕事の準備をしていたら、芦原先生が三階の自室に三人の職員全員を呼んだ。

——三階に全員を呼ぶなんて珍しいな。何があるんだろう？

呑気《のんき》にそんなことを考えていたこの時点での私は、自分の身に何が降りかかるかをまだ知らない。全員が揃《そろ》ったところで芦原先生がおもむろに切り出した。

「おい、中村先輩が本を出したって聞いたけど、お前ら知ってるか？」

——コタツに置いてあったやつだ。芦原先生もやっぱり読みたいのかな？

そう思った私は即座に、

「押忍。今日、寮で見ました」

と答えた。その瞬間、芦原先生の様子が変わった。

「何ー!!　お前らも知ってたのか？」

なぜかいきなり激怒した芦原先生は、二人の先輩職員に尋ねる。訳がわからず動揺する私は、二人の返事に啞然《あぜん》としてしまった。

「押忍。知りません」

「押忍。私も知りません」

——え？　どういうことだろう？　コタツの上にあったんだから、二人とも知っているはずじゃないのかな？

「九州！　お前、その本読んだのか！」

「……お、押忍。少しだけですが……」

「バッカじゃないのか？　お前！　何であの人の本なんかを読むんだよ。最初からおかしい奴だと思ってたんだよ。こいつ、スパイかもな？　どうする里、こいつ九州に帰すか？」

芦原先生は一気にまくし立てた。先輩方も「押忍」しか答えない。目の前で起きていることが理解できずにパニック状態に陥り、情けない話だがその場で泣きそうになってしまった。

芦原先生の怒りはおさまらず、先輩職員たちに私に関する様々なことを質問し始めた。寮での生活ぶりや交友関係はもちろんだが、今までに問題行動はなかったかどうかまで聞いていた。

さらには、

「宗教かもな。こいつ、何かの宗教に入ってんじゃないか？」

とまで言われた。アルバイト職員として充実した日々を送っていた私だが、一気に地獄に落とされた気分だった。大人であれば我慢ができるかもしれないが、十八歳の少年にとって芦原先生の豹変《ひょうへん》は受け止めきれるものではない。憧れの人から受けたこの仕打ちに、私は打ちひしがれてしまった。

その後、今までの私の仕事ぶりや生活態度に大きな問題がないことを先輩方が説明してくれ

て、ようやく落ち着き始めた芦原先生は、
「九州、今回だけ許すから。でも今後は気をつけろよ」
と言った。何に気をつければいいのかさっぱりわからなかったが、かろうじて「押忍」と答えることはできた。いや、「押忍」としか答えられなかったというのが正確かもしれない。日々、何度も繰り返してきた「押忍」。パニックに陥って思考停止状態だった私だが、こんな理不尽に対してそれでも「押忍」が出てくるのは皮肉なものである。

何が何だかわからなかったというのが偽らざる本音である。芦原先生も「尊敬している」とおっしゃっていた中村忠先生の書籍をパラパラと読んだだけで、なぜこんなひどい扱いを受けるのか？

スパイ？　宗教？　九州に帰す？

――もしかしたら俺は、とんでもないところに来てしまったのかもしれない……。

との思いに駆られ、その日は仕事が手につかなかった。

その夜、落ち込む私を見かねたのか、里先輩が滔々《とうとう》と語ってくれた。

「原田、今日は災難だったな。でも気をつけろよ。他流派の雑誌やビデオも、絶対に手に取ったり見たりしないほうがいいぞ。もし見たとしても絶対に言うな。今日みたいなことになるから」

「はい……」

「悪いけど……非情かもしれんけど、今日あったことも芦原会館総本部の現実なんよ。芦原先生に仕え続ける限りは、何があっても『押忍』としか言えん。芦原先生が間違っているとしてもな」

「芦原先生が間違っていても、ですか……？」

「そうよ。自分の意見を芦原先生にぶつけた奴は今まで何人もいた。でも、意見したその瞬間から、芦原先生に疑われるんよ。今日みたいに『こいつ、スパイだと思うんだよ。お前、どう思う？』って聞かれる。そうしたら、聞かれたほうは『押忍』としか答えられんのよ。みんな、その理不尽さに耐えられずに一年と持たずに辞めていった。仲間に裏切られたと感じた奴もたくさんいたと思うよ。『お前、どう思う？』『押忍』だからな。当たり前っちゃあ当たり前の話だよな。今日は悪かったな、原田」

「いえ、そんな……」

「俺は職員歴三年目で、周りからは奇跡とも言われとるよ。みんな、純粋に芦原先生に憧れてここに来たんだ。でも、色んな形で理不尽な目に遭って『空手を学びに来たのに何でこんなひどい目に遭わんといかんのよ』って言いながら寮を出ていった。仲間を失うことの苦しみとか悲しみは、ここにいる人間じゃないと絶対に理解できんと思うよ」
「里先輩は嫌になったりしないんですか？」
「あるよ。もちろんある。葛藤するようなことばっかりだよ。何が正しくて、何が間違っているのか、正直わからんときもたくさんある。でも、嫌なことばっかりでもないんだよ。芦原先生から学ぶことはたくさんあるし、むしろそっちのほうが多いから今でも続いている。とにかく、自分のできることと言えば『誠実であること』だけだ。芦原先生に対しての誠実さだけは、誰にも負けないようにしようと自分で決めとるんよ。自分が納得する誠実さだけ失わないようにしていこうと」

　里先輩は在職中、この言葉通りの態度で芦原先生に仕えた。決して誠実さを失うことがなかった。どれほど苦しいことや理不尽なことがあっても、最後の最後まで芦原先生に尽くす姿から学ぶことは多かった。

　今の私の年齢であれば、里先輩の話を自分なりに咀嚼《そしやく》して、聞き入れられるところは聞き入れることができたと思う。逆に、見切る部分は見切るという判断もできるし、自分の意見を言うこともできると思う。つまり、自分なりに芦原先生との接し方を決めることができる。だが、当時の私はまだ十八歳。里先輩の話を完全に理解することができるはずもなく、自分が直面した「スパイ疑惑」に対するショックのほうが大きかった。

年に数回の地方の審査会で会う程度では、芦原先生が輝きを放つ良い面だけしか見えてこない。だが、芦原先生には、近い距離にいる者にしかわからない裏の一面があるということを知った。人間誰しも表と裏の両面を併せ持っているものだとは思うが、芦原先生の場合は表も裏も強烈過ぎた。

芦原先生の持つ光と影。初めて「影」の一面に接した私のショックは大きく、どう対処していいのかわからなかった。

里先輩が私を気遣って話してくれたにもかかわらず、私は深く落ち込んでしまい、眠れなかった。眠ろうと思っても色々なことを考えてしまう。

——なぜ「スパイ」などと言われなければいけなかったのだろうか？

——これから先、大好きな空手を続けることができるだろうか？

——あんなことがあったのに、今後も芦原会館のアルバイト職員を継続してやっていけるのだろうか？

当然のことながら不安がよぎり、やっていける自信などなかった。

妙に故郷、北九州が恋しくなった。両親の元に戻りたい、故郷に帰りたい。仲間に会いたい。

何度も何度も寝返りを打ちながら、考えたあげく、

——地元に帰って専門学校に行こう。もうこんな世界は嫌だ。

との結論に達してしてしまった。

ただ、すぐに辞めて帰ると迷惑がかかってしまう。自分なりに思考を巡らし、

――スパイなんて言われてしまったけど、芦原先生に目をかけていただき、アルバイトとして雇っていただいた恩は間違いなくある。だから、一年間だけ頑張ってみよう。「押忍」を押し通して。そして一年経ったら故郷に帰ろう。

そういう結論を下した。

翌日、両親に電話をして「二年の予定を一年に変更して帰郷する」と告げた。両親は、何も言わなかった。

そして、同じ日に芦原先生にも「一年で帰らせていただきたい」と申し出た。

サウナ室から出た直後だった芦原先生は、タオルを頭に被《かぶ》せ、バスタオル姿で椅子にドッカリと座り、涼んでいた。目をつむったまま静かにその申し出を聞き、

「そうか」

とだけ言った。それ以上は何も言わなかった。

あのときの自分を振り返ると、どうしても「情けない」との思いに駆られる。強くなりたい一心で松山に来たのに、どんな辛《つら》さにも耐える覚悟で松山に来たのに、実際に辛い思いをしたら私は逃げの選択をしてしまった。「十八歳だから仕方ない」という見方もできるが、自分自

身のことだけに「情けない」との思いのほうが強い。

だが、人生には何が起こるかわからない。思い通りにいかないことの連続が人生と言えるのかもしれない。

意気揚々と松山に来て、アルバイト職員にしてもらって、わずか数週間で挫折。二年の修行予定を一年に早める決断をした私は、その一年後、北九州に帰ることはなかった。一年で帰るどころか、十二年にもわたって芦原会館に勤務することになった。そんな長きにわたって仕えることになるとは想像もしていなかった。

まさか、芦原英幸が命を賭して挑んだ壮絶な挑戦のお手伝いをさせていただくことになるとは……。そして、偉大なる空手家・芦原英幸の葬儀委員長を拝命することになるとは……。

「奔流」としか言いようのないうねりの中に、私は呑み込まれていくのだった。

※1　中村忠：大山倍達を支えた高弟で、ニューヨークのブルックリンで空手指導にあたるなど極真会館の発展に貢献。

芦原英幸、動く

それから約一ヶ月が経ち、季節は、秋から冬に変わろうとしていた。

一年で北九州に帰ると決めたものの、中途半端な仕事では芦原先生にも先輩たちにも迷惑がかかる。「スパイ疑惑」のショックを振り払うかのように、それまで以上に必死に働いた。

ある日、会館一階のサウナ風呂でドタドタと音がした。中に入っているのは芦原先生であることがわかっているだけにどうしたらいいかとオロオロしていたら、その芦原先生が、

「原田！　紙とペンを持ってきてくれ‼」

と言いながら、ビショビショの状態で出てきた。

芦原先生は、バスタオルを腰に巻いてタバコをくわえたまま、勢い良く椅子にどかっと座り、汗と水でビショビショになった紙に何かを書き始めた。

これが、この後の芦原先生が命を賭けて取り組むことになる特殊警棒事業の始まりの瞬間だった。

「オイ、これを里に持っていって、図面にしてもらってくれ。あと、武道具屋さんに行って木のトンファーをありったけ買ってこい」

　呆気《あっけ》にとられる私に向かって芦原先生は、

「今日から一気に動くけんの、原田！　芦原が、革命を起こすけん！　特殊警棒を開発してな、警察に買ってもらうのよ。モデルはアメリカの警察が使用しているポリスバトンだけど、物真似ではなく、一から開発する。そして特許も取るけんの」

「お、押忍……！」

「高級品だけど、一度買ったらすぐには壊れんし、警察官の受傷事故も今より減るわな。そして使い方、制圧の仕方は、芦原カラテよ。なっ、原田、お前どう思う？」

　と一気にまくしたてて、ニヤリと笑った。

　芦原先生は「お前、どう思う？」が口癖だったが、余りにも突然過ぎて、呆然とすることしかできなかった。

　このときの芦原先生は三冊目の技術書を出版した直後で、半年間の充電期間を終えた時期だった。私が知る由もなかったが、今後の活動に関して思いを巡らせていたのだろう。特殊警棒の開発と販売に着手することを決めたのだ。

　開発して販売するだけではない。使用法や制圧技術に、芦原カラテの真髄「サバキ」を絡める。「サバキ」の技術指導を受けることにより、新開発された特殊警棒の安全かつ効果的な使用が可能になってくる。

この決定の裏には、芦原先生ならではの計算もあった。この出来事があったのは一九八七年のことだが、数年後に警察の制服・装備が改定される予定があったのだ。芦原先生はそこに目をつけた。三菱商事と組んで、特殊警棒と芦原カラテの技術をセットで売り込み、警察へ正式採用させる――そんな壮大なプランを実行すべく動き出したのだ。

ちなみに、当時の私が自分の脳みそだけで、そこまでの背景がわかるはずがない。こういったことは全て里先輩から教えていただいた。

空手道が柔道や剣道のように市民権を得ることが将来的な目標だということも聞かされた。芦原先生も、後日、自身の思いを熱く私に語ってくれた。

誰もが安心して安全に学べる武道へと発展させることで、より多くの人が空手に取り組めるような体制を作りたいと思っていること。

空手がオリンピック競技になることを目指していること。

そういうことを語る芦原先生は、「こいつ、スパイかもな?」と私に言ったときとは表情からして全然違う。芦原先生の壮大な計画を聞いている時間は、私にとっても夢のような時間だった。

このときの私は、スパイ疑惑のショックをまだ引きずってはいたが、
――この夢の実現のためにお手伝いできたら、どんな気持ちになるんだろう。
と、うっすらと思うようになっていた。

これは先生の凄いところの一つなのだが、「何に取り組むか」が決まると、その行動力とエネルギーは尋常ではなく、猛烈そのものだった。

正に一心不乱。

芦原先生は、ほとんど寝ずに商品開発に没頭し出した。器用だった先生は、警棒、革ケース、ビデオや教則本、全ての試作品をほとんど自ら制作していたのだ。このお手伝いをしていた私も、この時期は昼夜の別なく働いた。

先生の器用さがわかる逸話として、「小型の船を自分で作った」という、嘘《うそ》みたいな本当の話がある。

この自作の船は「愛媛新聞」の記事にも取り上げられ、百万円で知人に売却もされた。この逸話からもわかるように、芦原先生の器用さは小手先のものではなく、常に現実的かつスケール感溢れるものだった。

この頃の芦原先生は食欲も旺盛で、週末になると大好きだったふぐとすっぽんを食べに町に

繰り出し、活力の源とした。

「原田、今日も寝てないんだよ」

その頃の先生は、私に向かって毎朝そう言うのが口癖だった。

先生のお手伝いをする私は、必然的に多くの時間をともに過ごすことになった。そうやって先生と一緒に過ごすうちに「スパイ疑惑」のショックも少しずつ薄らいでいったように思う。と言うより、ショックを引きずっている場合ではないくらいに毎日が忙しかった。

私の役目の一つとして、先生の車の運転手というものがあった。

睡眠不足の芦原先生に代わって車を運転し、特殊警棒の試作を行っていた鉄工所まで行き来するのである。

この頃の私は自動車免許を取得したばかりだったので、芦原先生から運転の仕方を徹底的に仕込まれた。

「バッカだなー、お前は。駄目だよ、そんなブレーキの踏み方しちゃあ。バカ、バカ、バカ。何で信号見てないんだよ。赤になるとこじゃないか？　止まれよ！　死んじゃうとこだったじゃないか？　アホたれが」

私の運転技術が拙《つたな》いせいでお叱りを受けるのだが、何度、泣きそうになったことか……。何度、運転席から飛び降りて逃げたくなったことか……。

自身の夢の実現に邁進《まいしん》する芦原先生から勇気をもらって「よし、俺も！」と思う一方で、大小様々なことで叱られるたびに「もう嫌だ……」と思うような、メンタルが安定しない日々だった。

今にして思えば、そうやって振り回されるということが、芦原先生の側で仕える者の宿命だったようにも思うが……。

毎日のように芦原先生を乗せていれば、嫌でも運転に慣れてくる。いつしか、芦原先生も私に運転を任せることができると判断したのか、怒られることも少なくなった。助手席を倒してぐっすり眠る日も増えてきた。

あるとき、芦原先生が助手席を倒し、体を背もたれにあずけた姿勢で目を開けたまま、ご自身の過去を話し始めたことがある。

「原田……俺も国会議員の毛利松平先生（※１）の送迎のためにな、朝早く起きて八幡浜から松山空港に先生を迎えに行って、それから大洲までお送りしていた時期があったんだよ。週二回くらいそれをやってたかなあ。運転の仕方もそのときに、毛利先生から教えてもらった。俺も最初はハンドルの切り方とかブレーキの踏み方がなってなくて、毛利先生にこっぴどく怒られたなあ。今となれば、懐かしいよ。慣れるまでは大変だったけど、慣れてきたらなんちゃないだろ？『運転が上手《うま》くなったな。芦原』って毛利先生に褒《ほ》められると嬉しかったよ。何だかんだ言っても、毛利先生は俺の師匠じゃけん。本当にお世話になった。原田、お前も運転、少しはマシになったな」

芦原先生は笑いながらそう言ってくれた。

「押忍、有難うございます」

いつも通りの返事しかできなかったが、無性に嬉しかったことを鮮明に覚えている。

今、成長した私の息子が免許取り立ての車を一所懸命に運転する姿を助手席から見るたびに、芦原先生のあの笑顔を懐かしく思い出す。


話は変わるが、芦原先生は恐ろしいほどの早食いである。

警棒を試作していた鉄工所近くの古ぼけた定食屋で、二人でよく食事をしたのだが、

「俺はな、こういった食堂が大好きなんよ。昔を思い出すな。原田、しっかりと噛《か》んで食べるんだよ」

と言うやいなや、出された定食を一気に掻き込み、食べ終わったと思ったらパッと姿を消す。

その時点でまだ二口、三口しか食べていない私は、慌てて後を追うのだが、

「遅いよー、原田」

とよく怒られた。

あのスピードは信じられなかった。ついていくのに必死だった。

そんなこんながありながら、芦原先生と私の二人だけの鉄工所通いの生活は数ヶ月続いた。

私も何とか先生の食事のスピードに追いつかなくてはと思い、必死の思いで飯を平らげるようになっていった。

いつもの定食屋で二人してあっと言う間に食べ終えた後、先生は私の顔をまじまじと見つめながら、

「原田。ゆっくり噛んで食べんと体に悪いけんな」

と真面目な顔でおっしゃった。

さすがにそのときは吹き出しそうになってしまったが、先生がその後に話してくださったことを聞いて、身の引き締まる思いがした。

食後のお茶をゆっくりと飲みながら、先生は問わず語りに語ってくださったのだ。

「昔、八幡浜から松山に稽古指導に向かうとき、途中の犬寄峠にある食堂で蕎麦《そば》を食うのを日課にしていたんだよ。蕎麦を食った後に松山に向かうんだけどな、いつも車のハンドル握りしめながら俺はこう思ってた。『この先、本当に空手で飯食っていけるんだろうか？』ってな。いつも貧乏な状況だったから、不安でなあ。ボロボロの車を運転しながら、『俺の将来は本当

に大丈夫なのか？』ってな。不安で仕方なかった。原田よ、俺がいつも美味しいもの食って贅《ぜい》沢《たく》してると思ったら大間違いだよ。ステーキなんか、毎日食ったらあきるわい。空手で飯を食っていけないときに、板前のバイトしてたんだから。それくらい空手で飯を食っていくのは大変なことだったんだぞ。そんな金の苦労を、両親に大切に育ててもらったお前らにさせたくないけん。これが芦原の本音よ……。じゃけん、この警棒を警察に買ってもらって、東京に道場を建てて、柔道や剣道並みに会費を安くして、全国のみんなが安心して空手の修行に打ち込めるようにしてあげたいんよ。職員の給与体系もちゃんとしてな。優秀な人材が安心して働けるようにする。そのためにも、何としてもこの警棒事業を成功させなくてはいけない、俺はそう思ってる。俺が考えた警棒を使って、芦原カラテの『サバキ』を逮捕術に導入してもらえば、警察官の受傷事故も減るけん。わかるだろ？　原田、どう思う？」

弱冠十八歳の私に対して、先生はそれはそれは熱心に語ってくれた。

芦原先生の思いは、本当によく伝わってきたし、若い私にも十分に理解することができた。

この鉄工所通いのある時期から、芦原先生は自分の親かと思えるくらいの存在になった。

「スパイ疑惑があったのに」と思われるかもしれないが、あの出来事が霞《かす》んでしまうくらいに親切に接してくれたことで、弟子思いの優しい一面を知ることができたのだ。陰と陽の振り幅が大きい人ではあったが、他人に対する異常なまでの猜疑心だけでは、弟子がついていけるはずがない。ましてや、芦原会館をあれだけ大きなものにできたはずがない。

そういうことが感じ取れるほど密度の濃い時間を芦原先生と過ごすことができた経験というものは、私にとっては生涯の宝物だ。

ある日、寮に戻ったとき、里先輩に尋ねてみた。

「先輩、芦原先生、どうしたんですかね？　僕に全く怒らなくなったんですよ。すごく優しくて。何故《なぜ》ですかね？」

里先輩は私の目をジッと見てから言った。

「原田、お前、芦原先生に試されとったんよ」

何の気なしに聞いた私だったが、里先輩のその言葉を聞いて固まってしまった。「試されていた」とはどういうことだろう……。

「芦原先生は、お前がどこまでの性根でここに来ているのかを見てたんだと思うぞ。怒られてすぐに逃げていくのか、それとも歯を食いしばって頑張るのか。お前、一年で北九州に帰るって芦原先生に言ったんだろ？　だとしたら、勤める期間もあとわずかで短いけん。だから、芦原先生はお前に優しくされとるんよ。つまり、お前はお客さん扱いされとるんよ」

「お客さん扱い……」

その言葉が、私に突き刺さった。

「スパイ疑惑の一件があっただろ？　もちろん理不尽な物言いだと俺も思うし、お前を慰めもしたけどな……空手だけで生きていくのは甘くないんだということを芦原先生なりに伝えたかったんじゃないかとも思うんだよ。これからお前が空手の世界で食っていこうというのであれば、想像以上に理不尽なことにも耐えなきゃいけないぞっていうことを伝えたかったんじゃないかな」

三年にわたって職員生活を続け、周囲から「奇跡」とも言われている里先輩ならではの見方だった。黙っている私に対して、里先輩はさらに話を続けてくれた。

「だから、一年で帰ると原田が言ったとき、先生もホッとしたんじゃないかな。俺の見方に過ぎないと言われればそれまでだけど、芦原先生はまだ若いお前に空手の厳しい側面を知ってほしくなかったのかもしれん。もっと他に安定した仕事があるぞって伝えたかったのかもしれん。今、趣味で空手を継続していくのが一番やということを伝えたかったのかもしれん。今、先生が原田に優しくしているのは、松山での日々を良い思い出にしたまま帰らせてあげたいという思いやりやと思うぞ。両親に大事に育ててもらったであろう原田を見て、先生は一旦突き放したんじゃないかな……。そこで原田が逃げるか？　逃げんか？　それだけよ」

その言葉を聞いて、私は目の覚める思いがした。何も知らずに芦原先生や先輩方の優しさに甘えていた自分に気づかされた瞬間だった。

その夜、寝床の中で横になりながら、芦原先生の最近の態度に思いを馳《は》せ、里先輩の言葉を反芻《はんすう》した。

――一年で帰ると言ったものの、このまま帰るのも何か情けないよな。本当にこれでいいんだろうか？　あとで、「一年で逃げた男」と言われるんだろうか……。

そして、ほとんどの時間を芦原先生と一緒に過ごしたこの数ヶ月にも思いを馳せた。

――特殊警棒事業の全てを細部にわたって把握しているのは俺だし、そもそもこの事業は人様のお役に立てる取組みのような気もする。一年で帰るというのは、あまりにも勿体《もったい》ないことなんじゃないだろうか……。

そうやって悶々《もんもん》と考えていた私は、里先輩に言われた「お客さん扱い」という言葉を思い出した。

――お客さん扱いされているというのは、癪《しゃく》にさわるよな……！　ようし、こうなったらとことんやってみるか。自分にできることなんて、大したことではないかもしれないけど。逃げずに、徹底的に芦原先生のお役に立てるようお手伝いさせていただこう……！

布団の中で延々と考え続け、そう心に決めて眠りについた。すると、私が通った北筑高校の恩師たちの顔が次々に浮かび上がってきた。お世話になった先生方が、私に語りかけるように励まし、勇気づけていただき、エールを送ってくださる、という夢を見た。恩師たちの言葉が心に沁《し》みた。

翌朝、目が覚めた私は「皿倉山の青あらし、歴史を作る我らの前進」と、母校の校歌を口ずさんでみた。三年間の高校生活で学んだ「北筑魂」を今こそ発揮するべきなのだ、と強く決意したのである。

それから数週間が経った頃だったろうか。

芦原先生と二人での鉄工所通いは変わらず続いていた。先生は相変わらず優しい。確かに、里先輩がおっしゃるように、お客さん扱いされているとしか思えない優しさだ。

しかし、この優しさに甘えてばかりでは私に成長はない。私は最後までお手伝いすると決めたのだ。

意を決して、鉄工所からの帰りの車中、芦原先生に率直に思いを伝えた。

「あのう……もし僕でよろしければ、警棒事業の成否の結果が出るまで、一年二年と言わずにお手伝いさせていただけないでしょうか。自分なりに色々と考えまして、途中で逃げ出したくないと強く思うようになりました。もちろん、先生がよろしければなのですが……よろしくお願いします！」

私の申し出が意外だったのだろう。芦原先生は、キョトンとした目でこちらを見ていた。そしてしばらく間を置いてから、先生は口を開いた。

「そうか？　そうだよな。逃げずに芦原の元に残るか？　ハハッ！　でも原田、お前、頑張れるのか？　そうと決めたら男はとことんやらにゃあ駄目だよ」

「押忍！」

「今までは、お客さん扱いだったけど、それじゃ九州に帰ってもいかんバッテンだ。全然モノにはならんかったわい。芦原の元で本当の修行がしたいんだったら、これからは本当に厳しくするぞ。原田よ、それに耐える覚悟はしなきゃ駄目だよ」

「押忍！」

「あと、この警棒の仕事はな、これまで以上にもっともっと厳しい取組みになると思ってるんだよ。上手くいくかどうかは、俺にもわからん。でも、後戻りはできない。本当に命賭けの仕事になると思う。お前にも苦労をかけることになると思うけど、本当にそれでもいいのか？　両親は許してくれるのか？　どうなんだ、原田？」

　先生は鋭い目つきでギロッとこちらを見た。

　誰もが気圧《けお》される芦原先生の眼力。だが、私にはもう迷いはない。それまでの人生で一番と言っていいくらい肚《はら》に力を込めて、

「押忍！」

　と答えたのだった。

冬が去り、春が目前の時期だった。約束の一年があと少しに迫ってきた中で、ひよっこだった私なりに、「拾われし者」として覚悟を持って下した決断だった。

私を「お客さん扱い」しているときの芦原先生はとことん優しい人だったが、その優しさこそが芦原先生の根本なのではないかと今にして思う。

たとえば、こんな出来事があった。

あるとき、初老の男性が会館の事務所に来て、

「芦原先生、財布を落としたんで、帰りの電車の切符代を貸してもらえないでしょうか」

と言ってきたのだ。

名乗ることもない初老の男性を見て、これは明らかにお金は返ってこないな、と私は直感した。

芦原先生は何かを考えるような表情でその男性を見つめていたが、すぐに千円札を机の金庫から出して本人に手渡した。

「これっきりだよ。気をつけて帰りなさいよ」

そう言って、切符代を渡したのである。

それから、数日経ったある日。

その初老の男性が、日本酒のワンカップ二本と一緒に千円札を持ってお礼にやってきたのである。

「芦原先生、あのときは本当に助かりました。有難うございました」

芦原先生も嬉しそうだった。

「なっ、原田。良かっただろ？　必ず返しに来てくれると信じていたんだよ。あいつ、何も言わなかったけど、野村町で最初に道場を開いたときの初期のメンバーなんだよ。すぐに辞めていったけどな。やっぱり嬉しいよな。ちゃんと返しに来てくれると」

ちゃんとお金が返ってくるかどうか、芦原先生にもわからなかったと思う。だからだろうか、そうやってちゃんと返しに来てくれたことを子どものように無邪気に喜んでいた。すぐに辞めていった初期の会員の顔を憶《おぼ》えていた記憶力も芦原先生らしいものだと思った。

芦原先生は、その日すこぶる上機嫌だった。

おそらく、根底には情に厚い、誰に対しても優しい部分がある人なのだと思う。また、本来の芦原先生は人に対して開けっぴろげな性格で、無防備なんだと思う。そこに、みんなが惚《ほ》れ込むのだろう。

芦原先生に師事する中で、私が大いに戸惑うことになった強烈な猜疑心は、生来の無防備さにつけ込まれて痛い目に遭った経験が生み出したものなのではないか――現在の私はそのように考えている。

あるときには、こんなこともおっしゃっていた。

「俺はね、実はおじいちゃんに育ててもらったんだよ。親には、半ば捨てられたような形でな……。中学卒業と同時に集団疎開みたいな形で東京に出てきたんだ。そりゃあ、寂しかったぞ。行きの列車の中で泣いたよ。大泣きした。あれほど泣いたのは後にも先にも記憶にないな。あの悔しさと寂しさと怒りのエネルギーを全て空手の稽古と、喧嘩《けんか》にぶつけた。おかげで、キチガイとまで言われたけどな。でも、どれだけ大暴れしても孤独だったな……」

芦原先生は、ご両親に対して複雑な思いを抱えていらっしゃった。だから、父親の訃報《ふほう》を受けてもお葬式にはあえて行かなかった。

亡くなった知らせを受けたときのこともよく覚えている。訃報を告げると、芦原先生は平静を装いながら一言だけ、

「原田、船に乗ってくるよ」

と言って、一人で車を運転して出かけていった。

そして、クルーザーに乗り、瀬戸内海へと繰り出していった。おそらくは、広島に向かってクルーザーを走らせながら、お葬式に参加しないことを心の中で告げたのだと思う。芦原先生ならではの詫びの形だったのかもしれないし、弔《とむら》いの形だったのかもしれない。

芦原先生の人間味溢れるエピソードだけを書こうと思えば、いくらでも書ける。掛け値なしに大きくて温かい優しさを持った人だった。人のために自分を犠牲にすることも厭《いと》わない人でもあった。

だが、そういった「光」の裏側に、強烈な「闇」があるのも事実だった。

「あいつは、信用してないんだよ」

芦原先生が口癖のように言っていたこの言葉。先生との距離感が近い者しか知り得ない芦原先生の姿である。一度疑いを持ったらどう話してもそれを解くことはできなかった。家族でさえ信用していないと聞かされたこともある。そういった部分だけを抽出すれば、猜疑心の塊のような人として描くこともできる。

とてつもなく人間味に溢れ、人を惹きつける魅力に富んでいる芦原先生が、「あいつは、信用してないんだよ」と事あるごとに言うのが不思議で仕方なかった。その言葉を聞くと、本当に辛く、悲しくもなった。

――何故、芦原先生は人を信用しないんだろう?

当時十八歳で、まだまだ大人社会の複雑さを理解するには幼過ぎた私は、いつも疑問だった。芦原先生にどう対応していいかわからず、右往左往することが何度もあった。光と闇の両極が高速で行き来するので、身近にいる人間は常に振り回されてしまうのだ。

まさに、織田信長の生まれ変わりのような芦原先生だった。

※1　毛利松平：愛媛県選出の元衆議院議員。環境庁長官も務め、極真会館の元会長でもある。芦原先生が八幡浜道場建設の際に毛利会長専用の部屋を作るほど大事にしていた人物。芦原先生がふぐが好きなのも、毛利会長の影響を強く受けていたためである。

芦原英幸の強さ

松山には空手の修行に来たのだが、実際に道着姿の芦原先生に空手の指導をつけてもらったのは、ほんの数回程度しかない。

こう書くと、当時の芦原先生はもう空手の第一線を退いていて、実際に戦ったらそれほど強くないのではないかと誤解する方もいるかもしれない。

実際、私もそのように考えていた。空手の先生って会費だけもらって楽をしていいな、と誤解していた時期があったのだ。

一度、寮の先輩に何気なくそういう話をしたことがある。

「先輩、総本部に空手の修行で来たのに、芦原先生は全く稽古場に出てこないんですね。いいですよねえ。夕方にサウナ風呂に入って三階の自宅に上がるときに、道場の扉をガチャッと開けて、チラッと見るだけでいいんですからね」

先輩は、ニヤリとしてこちらを見た。

「原田、お前、知らねーからそんなこと言えるんだよ。幸せもんだなー。先生の本当の強さを見たらびっくりするぞ」

それを聞いてもにわかには信じられない。訝《いぶか》しそうにしている私に構わず、先輩は話を続けた。

「前に『芦原も久しぶりに稽古するかー』って道着着て稽古場に降りてきたことがあるんだよ。何でも、ビデオの仕事がやっと納得いく形で終わったらしいんだけどな。お前も知ってる二段のS先輩がいるだろ？　先生はS先輩がいるのに気づいてな。『オッ!!　S、お前も稽古に来てたのか！　どうだ、久しぶり芦原と組手するか？』って言ってな。その後が凄かったんだよ」

先輩の語りがうまいからか、いつしか私も聞き入っていた。

「横で見てて鳥肌立ったよ。あんなに強い、みんなが憧れるS先輩がまるで子ども扱いよ。冗談抜きで吹き飛ばされるんだから。芦原先生は笑顔で口拍子を取りながら、先輩の攻めを全部カウンターのストッピングの蹴りで吹き飛ばしちゃうんだよ。もう見てられなかった。次は俺が指名されるかもって、恐怖で脂汗が流れたよ」

S先輩は私も知っている方だったが、組手が大好きな本当に強い人だった。あんな風に強くなりたいと私も憧れていた。そのS先輩が、子ども扱い？　想像することもできないが、先輩が冗談を言っているようには見えない。

「S先輩はついに立てなくなってな。次の日から、足にギプス巻いて松葉杖《づえ》をついてた。治るまでに二〜三ヶ月かかったんじゃないか。芦原先生がさ、あの道場の扉をガチャッて開けるだろ？　その一瞬で誰が来てるのかわかっちゃうんだと思うよ。サウナ風呂から気合いのかけ声を聞いて、どれだけ内容ある稽古を積んでるかもお見通しなんだと思う。そのときは久しぶりにS先輩が来てたんで、嬉しくて稽古場に出てきたんだよ、きっと」

そこまで聞いても半信半疑の私だったが、その後、実際に芦原先生の強さを体験することになった。

結論から書くと、「とんでもない化け物」という一語に尽きる。

「今日もまた、寝てないんだよ」

ある日、眠そうな顔で先生が三階の自室から一階の事務所に降りてきた。

「昨日眠れなくてなあ。正拳突きの拳の握り方と、お尻の重心の体重の乗せ方が気になってな。三戦《さんちん》立ちから何度も何度も突きを夜中にやってたんだよ。あれ？　お前、『芦原先生って空手をやるんだ？』みたいな顔してんな。なめられてるみたいだなあ。よし、原田、ちょっとローキック蹴ってこい」

芦原先生をなめていたわけではないのだが、いつも厳しい練習をやっているのにほとんど稽古場に顔を出さない先生への腹いせがあったのかもしれない。毎日自己鍛錬に励んでいる自分の実力を知ってもらいたかったという気持ちもあった。

お昼時の穏やかな雰囲気に似つかわしくない本気のローキックを私は放った。先生を慌てさせても構わないという気持ちだった。

ところが、蹴った瞬間に、右の内ももに今まで味わったことのない痛みが走った。槍《やり》か何かが突き刺さったのかと思うほどの痛み。脳みそがその痛みを認識した次の瞬間、私の目に床のタイルが映っていた。

何が何だかわからなかった。おさまらない痛みに耐えながら起き上がって状況を整理してみたのだが、私がローキックを放ったその刹那《せつな》、逆に先生が放った内ももへのローキックで地面に倒されていたらしい。

それから何度かローキックを放ったのだが、同じことの繰り返しだった。私が蹴った瞬間に、内ももに槍が突き刺さってくるかのような激痛。成す術もなく、おもちゃのように地面に這《は》いつくばるしかなかった。

本能的に悟った。

——これは、強さの次元が全く違う。

もちろん、芦原先生の凄さはローキックだけではない。

あれは総本部での年に三回ある審査会のときだった。手持ち無沙汰な様子でおもむろに席を立った芦原先生が、横に立つ私の胸に右ストレートパンチを放ってきたことがある。もちろん、当てるわけではなく寸止めなのだが、私は何も見えなかった。いきなりのパンチとは言え、見えないほどのスピードというものは体験したことがなかった。

ただ、その衝撃は凄かった。

「バチーン！」というものすごい音が聞こえたかと思ったら、自分の胸の皮膚が波打つような感覚を覚えた。こんなパンチを顔面にくらったら、何が起こったかわからぬままに失神してしまうだろう。それほど凄《すさ》まじい威力だった。

この日の芦原先生はまるでいたずらっ子のようで、それだけでは終わらなかった。また席を立ったかと思うと、左でバチーンと頬を叩かれた。それと同時に、左前蹴りでお腹を蹴られ息が止まる。モロに効いてＫＯ寸前にもなった。

涙目になりながら必死でこらえる私を見て、芦原先生が茶目っ気たっぷりな表情で、

「あれ原田？　もう終わりなの？」

と笑っていた。

弟子だから師匠に逆らえないとか、そういった次元の話ではない。キックにしてもパンチにしても、避けようにも避けられないほど速いのだ。「来る」と思う遥《はる》か前に来ていると言うか、

感覚が追いつく前に攻撃されている感じだった。もちろん、速さだけではなく威力も尋常じゃない。

　これは仮定の話だが、逆に私から攻撃したらどうだろうか。芦原先生がやったのと同じように、いきなりキックなりパンチなりを放ったとする。実際にやったことはないのだが、私には確信がある。私が攻撃した次の瞬間、吹き飛んでいるのは私に違いない。

　謙遜《けんそん》ではない。私だってそれまでの空手人生で、色々な強さやオーラを持つ猛者と向き合ってきた。だが、芦原先生の強さはそれらとはまるで次元が違う。言葉では言い表せない荒々しい雰囲気があった。向かい合っただけで寒気がするほどの殺気もあった。立ち向かえば一瞬で切り殺されてしまう天才野武士のオーラとでも言うべきか。

　普段は風来坊的な茶目っ気たっぷりの芦原先生だが、空手家としてのスイッチが入ると雰囲気がガラリと変わる。どれだけ修行を積んでも敵《かな》わないのではないかと思わせるほどの凄みがあった。

　そんな芦原先生なので、指導の仕方も独特だった。決して、手取り足取り教えるタイプではない。

　あるとき、基本稽古中に一階の風呂場から、

「オーイ、原田ぁ！」

と呼んでいる芦原先生の声が聞こえてきた。

「押忍！」

の返事とともに駆け降り、風呂場に入った。そこには、気持ち良さそうに風呂に浸かる芦原先生。なぜかわからないが、目をつぶっていた。

「号令の五から登っていく部分が違うけん。セイ！　セイ！　セイ！　オリャー！　とこうやって登っていかんと。テンポが上がっていく感じよ。なっ、わかるか？　原田」

風呂に浸かる芦原先生から空手の指導をされるとは思っていなかった私は、「……押忍」と返事することしかできなかった。

そこからしばらくは、基本稽古中に何度も「オーイ、原田ぁ！」と呼ばれる羽目になった。そのたびに稽古を中断し、

「ダッメだなあ。お前の号令。何度も言ってるじゃないか。セイ！　セイ！　セイ！　オリャー！　だよ。ちゃんとやれよ」

一階の風呂場と二階の稽古場をフラフラになりながら往復したのは、今思い出すと笑ってしまうような良き思い出である。

また、ある真夏の炎天下での出来事。

道場前の駐車場で、これから警察用の護身・逮捕の型を作るからと呼び出された。真夏の太陽が照りつける中、私が芦原先生の胸倉を摑み、一つ一つの動きを確認し、職員がイラストにしてメモを取っていく。そのたびに、熱いアスファルトに制圧されていく私の頰は火傷《やけど》したような状態になっていた。本来であれば火傷しないように、仮に火傷をしたとしても悪化しないように体を動かすのだが、芦原先生の関節を決めるタイミングが速過ぎて何もできなかった。

――ああ、これはとてもじゃないけど抵抗するのは無理だな。

途中からは半ば諦めの気持ちが芽生え、芦原先生のなすがままになっていた。夕方になるまで延々と灼熱《しゃくねつ》のアスファルトの上で技を決められたのだが、時間が経っても技の切れ味が落ちることが全くない芦原先生はさすがだった。

今は便利な時代になった。YouTubeの映像投稿から、若き日の私が審査会で芦原先生に延々と倒され続けている様子を見ることができる。そして、芦原先生の名代で、警察の逮捕術指導官に護身術の指導に行ったときの映像などを見て、当時を懐かしむこともできる。

そういった映像を見ながら、今になってわかることがある。

芦原先生に空手の指導を受けていないんじゃなかったんだ、と。芦原先生と毎日のように接する中で、自然とそれが指導になっていたと今では思っている。芦原先生はおそらく、日々の生活自体を鍛錬の場としていた。道着を着ているか着ていないかは問題ではなかったのだと思う。そういう自分と接する中で「盗んで、より高めていけ！」と私に無言で伝えたかったのかもしれない。

わかりやすいマニュアル指導ではなく、芦原先生独自の感覚でご指導いただいたことに感謝するとともに、徹底的に倒され続けることで技の決め方のコツが私の体に沁み込まされたのだと実感している。

第二部

情熱と代償

今でも時折、書斎の引出しから一本の特殊警棒を取り出しては、それを開発していた日々を振り返ることがある。

黒く鈍い光を放つ一本のT型特殊警棒。

九〇年代の最初に出来上がった商品試作のうちの一本である。芦原先生が手作りした試作品。私はそれを先生からいただいた。

その特殊警棒を手にすると、先生がそれを開発されていたときのたぎるような血と汗と涙、そして先生の命の結晶そのものが雄弁に私の心に語りかけてくる。もちろんその陰で先生を懸命にサポートされた先輩方のご苦労も沁み込んでいる。

芦原先生はこの特殊警棒の開発と販売のために、命の灯を燃やし尽くして天国へと旅立ってしまった。最初の試作品ができてからたったの八年で芦原先生が他界するなんて、あの頃は想像だにしていなかった。

——何故、この警棒のためにそこまでして？

芦原先生の思いを充分に知っている私でさえ、時としてそう思えるほどの迫力で特殊警棒事業に取り組んだ八年間の日々。

——時には休むというような器用さが芦原先生に少しでもあったら亡くなることはなかったのではないか……。

——体を張ってでも先生に休んでいただくのが私の務めだったのではないか……。

今でもそんな思いに駆られることがある。


特殊警棒事業の始まりの瞬間は四十六ページに書いた通りだが、この特殊警棒を警察組織に正式採用してもらうべく、芦原先生は持てるエネルギーの全てを注ぎ込んだ。商品開発はもちろん、特許取得や販売網整理のための営業活動など、全国各地の警察に警棒を導入してもらうために、文字通り全身全霊を傾けた。

情熱だけではない。全ての私財を注ぎ込み、それだけでなく、銀行からも融資を受けていた。

当時は私も若かったし、毎日接する中で「これが芦原英幸なんだ」と当たり前のように感じている部分もあったが、今にして改めてその凄さが身に沁みる。

金と時間とエネルギーの全てを一つのことに投下して勝負するのは並大抵のことではない。

失敗すれば過去の名声さえ失うような、一世一代の大博打《ばくち》。芦原先生が挑んだのは、そういう類《たぐい》の勝負だった。

　警察組織に新しい警棒を採用してもらうという一大事業。新規参入になる芦原先生が入り込む隙などないと考えるほうが自然だ。

　当時を思い返しながら、改めて手元の特殊警棒を見る。ここには、芦原英幸の五十年の生涯が凝縮されている。芦原英幸が生きた証として、このT型特殊警棒が残ったのだ。

　そもそもなぜ、芦原先生は特殊警棒の開発にそこまで心血を注いだのか。

　私はそれを先生から直接話を聞いたことがあった。

「原田、芦原もな、昔は喧嘩で警察にお世話になって、取り調べ中の警察官二人を頭突きで失神させたりしてな。本当に若気の至りでバカだったわ。その頃はまだ極真会館の指導員をしてたけど、大山先生に禁足処分くらって、この愛媛に島流しに遭った。でもな、こんなろくでもない人間を当時の愛媛県警が警察学校の逮捕術指導という名目で快く迎え入れてくれてな。有難かったし、信じられんかったわい。『芦原先生！　芦原先生！』って呼んでくれもした。年もそんなに変わりゃーせんのに立ててくれて。有難かったんだよ……」

　過去を懐かしむようにしみじみと語る芦原先生のあのときの顔は、今でもありありと思い出せる。

「当時の県警は本当に猛者《もさ》の集まりでな。『仲間と言えども負けてなるものか！』という気概は今と比べもんにならんわい。組手なんかしたら正に喧嘩そのものよ。あの連中には、一般の人間が敵うわけないけん。けどな、悲しいことだけど、生身の喧嘩で敵わないとなったら武器を持つのが人間なんよ。ともに汗を流した警察官が犯人に刺されて怪我《けが》をしたり、命まで落としたりするような報道を見てたら、許せんなった。何としても、お世話になった警察に恩返しがしたくなった」

芦原先生の語りには熱がこもっていた。私は隣で「押忍」と相槌《あいづち》を打つことしかできない。

「……それともう一つ理由がある。大山先生に対する挑戦よ。芦原も生き様見せとかんとな。極真から永久除名処分くらった男が、どこまで生き様を示せるか。何が残せるか？　その勝負よ。芦原の空手が日本を代表する空手として、柔道や剣道と同じように市民権を得るようにならんとな。それが本当の意味での大山先生への恩返しだと思ってる」

先生は遠くを見据えながら、まるで独り言のように語ってくださった。

数年後に訪れる「警察官の制服・装備の一斉改正」という千載一遇のチャンス。芦原先生は、そのタイミングに賭けていた。

先生は、勝負を前にして漫然と待つような人ではない。自分の弱みを正確に把握する客観性もあったように思う。「勝つためには何が必要か」をどこまでも考え続ける人だったし、必要なことがわかれば行動を起こす人だった。

——新規参入で警察組織に食い込むにはどうすればいいか。

——ビジネスに関しては実績がないという弱点をどうすれば克服できるか。

そういった諸々を考慮した芦原先生は、三菱商事とタイアップして警棒を全国流通させるべく動き出したのだ。

「どんな警棒を作るか」ということに関して、腹案は以前からあったのだろう。事業のスタートを決めた年の年末に、先生はすぐにアメリカに飛んでいった。ポリスバトンとして警察に採用されているアメリカの警棒を視察するためである。

芦原先生が作った警棒は、よくアメリカの警察が採用していたバトンと比較されたが、確かにモデルとしての基盤になっていることは間違いないと思う。しかし、同じものを作ったというわけではない。

警棒のグリップ部分の中心部だけが回りやすく加工されているアメリカのポリスバトンと違い、芦原先生が一から開発した警棒は、グリップ部上部回転・上下回転の二種類があり、それで特許を取得した。さらには、逮捕術としての基礎となる芦原カラテの「サバキ」の導入など、トータルでの運用がしやすいように工夫を施していた。武具としてもビジネスとしてもオリジナリティがあるのは間違いない。

トンファーの型がベースとなっているT型特殊型警棒は、相手に打撃を加えやすい棒状部分の伸縮と、取っ手のT型部分で相手を抑え込んだり、また防御にも使ったりすることができる画期的な構造になっていた。従来の警棒よりも頑丈な造りになっており、攻守両面において非常に使い勝手が良いのも事実である。

毎日毎日、鉄工所に通って試作品を仕上げていく芦原先生。私は、何度も試行錯誤を繰り返す先生の姿を見続けてきた。革ケース一つとっても、全て手作りからスタートし、いくつもの試作品を芦原先生自身の手で作っていた。

正に、寝食を忘れての没頭と言っても過言ではなかった。

しかし、この没頭期間はあまりにも大きな代償を孕《はら》んでいたのである。芦原先生が警棒事業に夢中になればなるほど、組織は一体感を失っていったように思う。空手が強くなりたくて集まった猛者たちの間に流れる「芦原先生は一体何をやっているんだ？」という空気。全国大会でも開催されればその空気を払拭《ふつしょく》できたかもしれないが、芦原先生の頭の中は警棒のことで占められていた。もちろん、芦原先生は会館の発展のために警棒事業に取り組んでいる。日々、近くで仕えていた私はそのことがわかるが、他の職員や会員たちはやや白けていたのかもしれない。

今振り返ってみれば、私が芦原先生に仕えた八年間とは、芦原会館が勢いを失っていく八年間だったようにも思う。なので、この時期のことを書くのは精神的にかなり辛い。思い出すだけで涙が出てくるような出来事もたくさんある。

芦原会館崩壊の兆し——そう思わざるを得ないようなことが立て続けに起きた時期のことを書こうと思う。

二宮城光師範との涙の別れ

まずはこの方との離別を書かなくてはいけない。

芦原英幸が最も大事にしていた直弟子・二宮城光師範である。

この原稿を書いている今も、感情の整理ができずに思いが千々に乱れてしまう。

もし、時計の針を戻すことができるのならば……。

もちろん、時間を巻き戻すことなどできるわけないとわかってはいるのだが、ついつい夢想してしまう。芦原先生と二宮城光師範の師弟関係が続いていたら、それは空手界全体にとってもどんなに素晴らしいことであっただろうか。

芦原英幸と二宮城光。

この二人の関係を説明すると、二宮城光は芦原先生の最愛の弟子であった。全日本大会で優勝させるために芦原先生が熱心に指導されていたのも二宮城光であった。芦原先生が極真会館を脱退すると、二宮城光も極真会館を脱退。芦原先生の教えをどこまでも忠実に守った方でもあった。

芦原先生も願っていたように、二宮城光師範が芦原会館の二代目館長を継ぎ、組織の在りようを盤石《ばんじゃく》なものにする。それから時を経て、様々な経験を積んだ上で、三代目として先生のご子息である英典氏が館長になる――。

そんな風に芦原会館の歴史が紡がれていってほしかった。恐らく誰もがその形を望んだであろう。

そうすれば英典氏は、十六歳という若さで館長職という重荷を背負わなくてよかった。彼自身を、あそこまで苦しませることもなかったのである。

特殊警棒事業をスタートさせた年の年末に、芦原先生は警棒の視察も兼ねてアメリカに行った、と前述した。その際に先生は、アメリカにいた二宮師範にも会いに行っている。

帰国後、いつもの鉄工所近くの食堂にご一緒したのだが、先生はいつもながらの早食いで、あっと言う間に定食を食べ終わった。そこまではいつもの芦原先生なのだが、いつもと様子が少し違うことがあった。お茶を飲みながら、苦虫を噛み潰したような顔をしているのだ。

「原田、アメリカの二宮から、月々いくらの入金があると思う？」

私は首をかしげながら、「押忍……？」と言葉を濁すことしかできなかった。さすがに「いくら入金されているか」までは知っているはずがなかったからだ。

「二〇〇ドルだよ。たったの、二〇〇ドル（当時のレートで一万六千円くらい）。びっくりだろ？　どう思う？　俺が二宮にかけている国際電話代は、月十数万円だよ。電話代にもならないんだから。意外だろ？　二宮はアメリカで成功なんかしてないけん。それが現実よ。あの二宮でさえ、空手で食っていくのは大変なんだよ」

先生はそう言って遠くを見ていた。

二宮師範に対して、少しストレスを感じているようだった。

「二宮はな、今、急ぎでお金が必要みたいなんだよ。あいつも、色々とあってな」

アメリカのコロラド州デンバーに芦原会館ＵＳＡ本部として専用道場を構え、誰もが憧れる空手界のスターとして成功していると思われていた二宮師範。だが実際にはかなり苦しんでいるらしい。二宮師範が直面している現実を垣間見た気がした。

お金が必要な一因をそのときに芦原先生から聞かされたが、二宮師範のプライベートに関することゆえ、ここでは記さない。最終的には、主にお金に関することが争点となり、二人は決裂してしまった。

もちろん、一つのことが原因で決裂したのではないと思う。あれだけの信頼関係で結ばれた二人だったからこそ、小さな食い違いが誤解を生み、それが解けないまま新たな食い違いが生じてしまって、それが積み重なったというのが真相なのかもしれない。たとえば、将来的に日本での大会開催を視野に入れて試験的に実施されたアメリカ・デンバーでの空手大会があった。その大会で実施された「サバキチャレンジ」。相手を制圧するという「サバキ」の概念をルールに取り入れた大会の様子を収めたビデオ販売に関して、芦原先生と二宮師範の意見は食い違った。

特殊警棒の販売で収益を上げ、二宮師範を金銭面でもサポートしようと考えていた芦原先生。今すぐにでも大会のビデオを販売し、自分自身の活動で収益を上げたい二宮師範。両者の考えが正面からぶつかってしまったのである。

「ビデオって言ったって、まだ商品として販売するようなレベルの大会じゃないよ、二宮。あと、ビデオ販売会社のことも、もっとちゃんと調べてからじゃないと。ビデオ販売の厳しさ、難しさは芦原が一番知っとるんじゃけん。講談社（※1）みたいな一流所から販売できるレベルじゃないと。失敗すると取り返しのつかんことになるけん。二宮、ちょっと待てや。特殊警棒の事業で二宮を助けてみせるけん。まー見ちょれ」

と、国際電話で話す芦原先生の姿を見たこともあった。

芦原先生におんぶにだっこの状態で金銭的なサポートを受けるのではなく、一日でも早く自身の努力で先生に恩返しをしたい――二宮師範はそのように考えていたのだろう。だが、芦原先生の目にそれは性急過ぎる行動に映っていた。私から見ていても、二人の考えの合わない部分が表面化することが少しずつ多くなっていった。

初めは「食い違い」程度だったように思うが、それが積み重なると雰囲気が変わってくる。いつしか二人の間には「亀裂」と言えるほどの軋《きし》みが生じるようになっていた。

そして、ついに事件が起きてしまう。二宮師範からの月々の報告書にアメリカ以外の国の支部からの入金が記されていたのだ。

「なんで二宮はアメリカ以外の国を自分の支部にしてるんだ？　おかしいよ、勝手に。二宮はアメリカの担当なんだから、よその国に勝手に支部を出しちゃ駄目だろ。直接、その国は芦原と契約してから支部の認可をしないと」

この一件を、芦原先生はかなり問題視したのだ。

積もりに積もった不満が爆発したのか、芦原先生は二宮師範にすぐに電話した。かなりきつい口調で注意したらしい。

電話を終えた先生は、三階の自室から一階の事務所に降りてきて、興奮冷めやらぬ様子であった。

「今日はかなりきつく二宮に注意したよ。少しきつ過ぎたかな？　エキサイトして、思ったこと全部言っちゃったからなあ。でも、二宮にペナルティを加えないと駄目だろ？　組織だからな。しばらく、師範の称号を外すと伝えたんだよ」

芦原先生は怒りの口調で語っていたが、そこでちょっと想定外のことが起きてしまったようだ。芦原会館の丸亀支部長として活躍なさっていた石本英二先輩（現・流心館館長）がちょうどその時期にアメリカに行っていたのだが、親しくしている二宮師範を訪ねている最中だった。その石本先輩が、電話を隣で聞いているうちに怒ってしまったというのだ。

「石本が怒っちゃってな。いきなり石本の声が聞こえたと思ったら、『館長、それは言い過ぎでしょう！』って。『オイ、オイ、石本待て。落ち着け』と俺も言ったよ。個人が勝手に動いたら組織は崩壊するからって話してさ。ペナルティとして師範の称号をひとまず外すけど、少ししたら戻すつもりだって話したんだよ」

芦原先生にしては珍しく、困惑したような苦笑いを浮かべていた。二宮師範に対して言い過ぎたかもしれないと後悔していたのだろうか。それとも石本先輩が怒ったことに動揺したのだろうか。「俺の真意をわかってくれ！」と言わんばかりに、私に向かって事情を説明した芦原先生は、少し寂しげな様子でサウナ室に入っていった。

今にして思えば、コミュニケーション不足に他ならない。お互いの意思疎通が噛み合わないことへの我慢が限界を超えて、爆発してしまったのである。

二宮師範のアメリカでの苦労も半端ではなかったのだと思う。また、二宮師範でなければ、異国の地であそこまで芦原会館を発展させることはできなかったとも思う。

実力と人望。この二点に関して、二宮師範は芦原先生の弟子の中でも突出していた。

芦原会館から独立した後に二宮師範が立ち上げた円心会館は、世界中で人気を得て大きくなっていった。そのことからも明らかなように、二宮師範は「捌《さば》き」の技術の高さに関してはダントツの存在だった。

そして何よりも、二宮師範は芦原先生とは違ったタイプのカリスマとして世界中のメンバーから崇拝され、組織の頂点に立つことを望まれた方だった。

静かなる闘志を燃やすタイプの二宮師範は、言いたいことがあったとしても我慢してぐっとこらえ、自分がやるべきことを粛々《しゅくしゅく》とやってこられた。私も含めた多くの後輩たちはその姿に憧れた。

おそらくは芦原先生と交わした道場運営に関する契約をそのまま履行《りこう》し続けていけば、自身の道場の経営や生活が厳しくなる一方だったのだろう。

二宮師範が今後成長していく上で、芦原会館という器が小さくなってしまったということだったのかもしれない。また、組織運営のルール上においても、芦原会館は二宮師範を内側にとどめておくことができなくなりつつあった。それほどまでに二宮師範の存在は大きかったのだ。

その後、数日経ってから総本部に一通の封書が届いた。

二宮師範からだった。

その封筒は、いつも二宮師範から届くものとは異なり、鷲《わし》の絵柄の速達便のパッケージがなされていた。その封筒からは、ただならぬオーラが発せられている。

嫌な予感がして、封筒にハサミを入れるのを躊躇《ちゅうちょ》した記憶がある。

中から出てきたのは、丁寧に折りたたまれた和紙に一文字一文字筆書きされた、二宮城光師範からの退会届けであった。

その文章を、記憶の限りここに記す。

> 長年、芦原先生には、本当にお世話になりました。八幡浜で先生に初めて出会い、今日まで本当に公私に亘りご指導頂きましたこと、心からの御礼と感謝の気持ちしか思い当たりません。また、奥様にも今まで本当に良くして頂き、大変お世話になりました。小生がアメリカに渡る時、空港に見送りに来てくれた芦原先生。真冬の寒さが厳しかった出発前、「お前、寒いだろう？」と言って先生がご自分のマフラーを私の首に巻いてくださいました。私の心の中には、いつも、あの優しい芦原先生の姿がありました。今回、色々とご迷惑をお掛け致しましたこと、本当に申し訳ない思いで一杯

です。私、二宮城光は、本日を持って芦原会館を退会させて頂きます。今まで本当にお世話になり、有難うございました。　押忍

芦原先生が一番大切に育ててきた直弟子は、間違いなくこの二宮城光師範であった。

実際に芦原先生は、二宮師範に二代目館長として芦原会館を継いでもらいたいと願っていたし、本人にもそう言っており、二宮師範が二代目を継ぐというのはある意味既定路線だった。アメリカ・デンバーでの道場開設の際も、多額のお金を芦原先生はほとんど無利子に近い低金利で融資して、常にサポートしてきたのである。なお、この融資金は二宮師範が退会した後、二宮師範のお兄様を通じて全額、芦原先生に返済されたことを二宮師範の名誉のために記す。

そんな二宮師範から届いた、衝撃の退会届け。

私は慌てて三階に駆け上がり、先生に手紙の内容を告げた。芦原先生は私の手から奪うようにして紙面に目を走らせた。

「ばかやろう！　二宮っ！　マフラーじゃないんだよ。マフラーじゃないけん、俺が言いたいことは……！　優しいだけの、俺じゃないけん。そんな次元の話じゃないだろ」

激昂《げっこう》した先生はすぐに、二宮師範に国際電話をかけた。

「二宮、手紙読んだよ。あのな、二宮、よく聞け。お前がアメリカに行ったばかりの頃の俺たちの関係じゃないけん。今は組織なんじゃけん！　二宮。わかるか、二宮。組織には、ルールがあるんじゃけん！　おおぅ、二宮。俺とお前はそんな付き合いだったか？　よく考えろ！　いつも俺はお前をサポートするためにやりよるんじゃけん！　二宮っ!!　俺はな、神様じゃないんじゃけんな、俺も人間なんじゃけん！　それだけは、わかれよ！　のう、二宮ぁ！」

受話器に向かって叫ぶように話す芦原先生だが、私の目には悲しみに打ちひしがれているようにしか見えなかった。二宮師範を説得することができないとわかりつつ、それでも電話せずにはいられなかったのかもしれない。

「里、俺がやっていることを代わりに説明してくれ！」

電話を代わった里先輩も必死に説明した。芦原会館の現在の取組み、そして芦原先生の二宮師範に対する思い。だが、里先輩の口調が明るいものになることはなかった。業を煮やした芦原先生は再度電話を代わり、二宮師範に思いの丈を改めて伝えていた。

私はそのやり取りを横で聞いていただけだが、おそらく、二宮師範からの応答は、「押忍」以外ほとんどなかったのではないかと推測する。

里先輩も、

「俺の話は多分、受話器を横に置いて聞いてくれていなかったと思う……」

と言っていた。

どれほどの時間が経過しただろうか――。説明は数時間にも及んだ。

先生は受話器を握りしめたまましばらく沈黙し、二宮師範の話に耳を傾けていた。

「わかった……わかったよ、二宮……。もう電話を切るよ……。二宮、これからは自分の独自の道を切り開けよ。自分独自の道を、歩んでいくんだぞ……。じゃあな。切るぞ」

そう言って、静かに受話器を置いた。

最後の「切るぞ」は、今までに聞いたことがないほど悲しげな声だった。受話器を置いた瞬間、先生の右目から一粒だけ涙が頬を伝っていった。

感極まった芦原先生は里先輩に対して感情を爆発させた。

「里、俺は、神様じゃないけん。そこまで完璧にはできんけん。なっ？　わかってくれるだろ、里？　俺は、二宮がアメリカで道場まで出して成功してるって、今まで道場生に言ってきたけどさ、それって嘘なんだよ。そんなに成功してるわけじゃないんだよ。嘘をついてたことをみんなの前で土下座して謝らないといけないかな……。申し訳ないって。里、違うよ。泣いてるんじゃないけん。悲しみじゃないけん。悔しいんじゃけん。悔しくて一粒涙が零れたんよ。二宮はアメリカでうまくいってるわけじゃないけん。スターでも何でもないけん。苦労して、苦労して、苦労しとるんが、本当なんじゃけん。俺は今まで、どれだけ二宮をサポートしてきた？　もう、充分だよな？」

　そこまで言うと、芦原先生は意を決したような顔で、

「もう、スターなんかいらんけんな！」

　と吠えるような声で言った。

　先生の話にじっと耳を傾けていた里先輩は冷静だった。

「館長がみんなの前で謝る必要はないと思います。館長は、一所懸命に二宮師範をサポートされてきたのですから。みんなも、きっとわかってくれると思います。別に嘘をついていたわけでもなかったのですから。押忍」

　里先輩のあの言葉を芦原先生はどんな思いで聞いたのだろう。今となっては確かめようもないが、「さすが里先輩」と思わざるを得ない誠実な回答だった、と私は思っている。

　ちなみに、芦原会館からの独立後、八幡浜の実家に戻った二宮師範は、

「芦原先生の元を去って独立したことは、本当に正しかったのだろうか？」

　と自問自答していたらしい。二宮師範の側近の方からそう聞いた。なんとやる瀬ない離別であることか……。


　後日、悔しさのあまり、芦原先生はある行動に出た。二宮城光師範が「極真会館全日本大

会」で優勝した記念にもらったトロフィーを、道場前の駐車場で全て叩き割ったのだ。

「バカッ！　バカッ！」

と罵《ののし》りながら、トロフィーをアスファルトに叩きつける芦原先生。粉々に割れるトロフィーの音は今でも耳に残っている。

長年、優勝を目指して苦労し、師弟ともに支え合った末に実現した努力の結晶……。芦原先生にとっても思い出深いはずのそのトロフィーを、

「クソッ！　クソッ！」

と言いながら何度も地面に叩きつけていた。

その行動を、誰も止めることはできなかった。悲しみゆえの行動であることは誰の目にも明らかだった。私も、先生がトロフィーを地面に叩きつけるのを遠巻きに見守ることしかできなかった。

「原田、お前もやれっ！」

とトロフィーを渡されたが、私は下を向き、首を横に何度も振った。いくら芦原先生の命令でも、それだけはできない。

地面に叩きつけられて粉々に砕け散っていくトロフィーを見ながら、私の目には涙が溢れ出てきた。

――もう、やめてくれっ！

そう思いはするものの、その言葉を口に出すことはできず、心の中で叫び続けるしかできなかった……。

誰よりも可愛がり、愛情を込めて育てた二宮師範の退会は、芦原先生にとっては何よりも辛い出来事だったのだと思う。芦原先生の憤りと悲しみは痛いほどに伝わってきた。二人にしかわからない強い信頼で結ばれていたからこそ、一度生じてしまった不信の感情を修復することは誰にもできなかった。

トロフィーの残骸を箒《ほうき》で掃除しながら、私の胸は張り裂けんばかりだった。

人生には、出会いがあれば別れもある。それは重々わかっているのだが、もしできることならば時計の針を過去に戻して、二人の関係を元通りにすることはできないだろうか。修復可能な段階で、穏やかに話し合う場を持たせることはできないだろうか。

そう痛切に願わずにはいられなかった。

余談にはなるが、芦原先生が二宮師範への叱責《しっせき》の電話をした際に、我慢しきれず芦原先生に食ってかかった石本英二先輩。芦原会館丸亀支部長として後進指導にあたっていた人物で、この人も私の憧れの先輩の一人だった。きちんと物事の筋道を通す人格者で、苦労人でもあった。

石本先輩は、地元の香川県丸亀市から愛媛県松山市の芦原会館総本部道場まで、特急を使っても約二時間もかかる長距離を毎週電車で通い、芦原先生から直に指導を受け、稽古を積み重ね、黒帯を取得した。芦原先生から実績も認められ、唯一正式に支部独立認可を受けたのも石本先輩だけである。

そして、芦原会館丸亀支部として、立派な専用道場を設立した。芦原先生も招待を受け丸亀市まで赴き、道場開設レセプションパーティに出席した。

松山総本部にもひけをとらない立派な道場で、多くの生徒が通っていた。本当に強くて、心優しい先輩だった。

前述したように二宮城光師範とも仲が良く、いつの日かアメリカのデンバーに行ってともに稽古するのが二人の夢だと、かねてよりおっしゃっていた。

松山総本部にて、正式な独立の話と契約を終えた際のことだった。芦原先生は、石本先輩を見送った後、私の側に来て小さな声で言った。

「独立なー。石本も俺と長い付き合いするんだったら、あんな立派な道場じゃないほうがいいんだけどな。原田、わかるだろう？　うちのシステムは趣味として長く続けられるように体系化してるんだよ。これから抱えるローンの支払いとかを考えると、石本のことが心配になっちゃうよ」

そう独り言のように言うと、三階に上がっていった。

石本先輩は無事に独立を果たした後、いよいよ念願のアメリカへの訪問を果たすこととなった。夢の実現であった。

アメリカ・コロラド州デンバーの道場で二宮師範とトレーニングをする日々。充実した様子をうかがわせる手紙と写真の報告が届いた。

そんな充実した日々を過ごしている最中に芦原先生と二宮師範が離別することになるとは、石本先輩も想像もしていなかったであろう。

デンバーの道場のトイレに設置されていた電話の子機で芦原先生と二宮師範の会話を聞いていた石本先輩は、芦原先生の余りにも一方的な物言いに、本気で怒ったのだ。

「館長、それは余りにも言い過ぎでしょう！」

芦原先生に対して一歩も引かぬ姿勢で意見することができる数少ない一人だった。

石本先輩は日本へ帰国後、松山総本部に来て、芦原先生への挨拶を終えた。その後、寮で私も話したのだが、

「館長も、二宮師範にちょっと言い過ぎやで。二宮師範も泣いてたで。トイレの電話で聞いてて、本当にかわいそうやったわ。俺も思わずキレて、芦原先生に意見したわ」

「芦原先生からも聞きました……」

「二宮師範、もう二度と芦原先生の元へは戻らんと言うとったわ。『二宮は、戻ってこないかな？』って芦原先生、俺に聞いてたけど……それは絶対にないわ」

と話してくれた。

それからしばらく後、石本先輩からも退会の通知書が届いた。

先生が、私のことを○○○と言っていることが非常に残念でなりません。今まで本当にお世話になりました。有難うございました。

との内容だった。

律儀な石本先輩らしく、預かっていた販売用の技術書・グッズ類・帳票類など、全て返送されてきた。

芦原先生の葬儀の際も、石本先輩は筋を通した。理由は後述するが、石本先輩が受付に来たら、私は葬儀委員長として門前払いしなくてはいけなかった。それを知ってか知らずか、石本先輩は決して式場に入場せず、葬儀場建物横の目立たない場所から、出棺の際、一心にお祈りなさっていた。葬儀委員長を務めていた私は、石本先輩と話すことはなかったが、その姿は強く印象に残っている。

真っ直《す》ぐで素晴らしい先輩が芦原会館を退会したことが本当に残念でならなかった。

※1　講談社：講談社刊行の雑誌には、空手やプロレスやボクシングなどの格闘技関連グッズの通販ページが多くあった。

東谷巧氏の突然の退会

二宮氏や石本氏が芦原先生の元を去っていった時期、同じように芦原先生との別れを決断した人物がいた。

極真会館で活躍した東谷巧氏である。

極真世界大会にも出場した東谷氏は、小さな体にもかかわらず、天性のバネと躍動感あるスピーディな動きで、体格で勝る外国人選手を相手に激闘を繰り広げた。また、映画『地上最強のカラテ　ＰＡＲＴ２』において、向かってくる車を飛び蹴りで越えていくシーンのモデルにもなった。

芦原先生をはじめ、二宮城光師範に次ぐ、燦然《さんぜん》と輝くスターでもあった。

私が十九歳で、芦原先生のアルバイト職員をしていた年だった。

松山総本部道場に東谷氏が来ていた。出産を間近に控えていたデンマーク人の奥様とともに、一週間くらいの予定で帰国しており、松山にも足を運んでくださったのだ。

デンマークの日本語学校で働く東谷氏は、かの地で空手の普及にも尽力しており、この前年にダン・ヘンドリクソンという生徒を松山に送っていた。約半年間の空手武者修行のためである。

高知県出身で、芦原先生や二宮師範に憧れていたという東谷氏は、芦原会館入りを熱望していた。しかし、これから生まれてくる子どものこともあり、デンマークの日本語学校での収入だけではなかなか生活も安定せず、経済的にも困っているとのことだった。

芦原先生は、松山総本部での滞在期間中に東谷氏に四段を認可し、デンマークの一支部の支部長としての活動を認めた。

二宮師範同様に寡黙な方で、武道家然としている。そんな東谷氏の入会に、私も心が躍った記憶がある。時折見せる寂しげな笑顔も印象的だった。

芦原先生にとっても東谷氏の入会は願ったり叶ったりだった。ゆくゆくは特殊警棒事業を世界中で展開する構想を練っていた芦原先生は、アメリカ地区の窓口担当を二宮城光師範に、ヨーロッパ地区の窓口担当を東谷氏にと考えているようだった。

二宮師範が退会したすぐ後くらいのことだったと思うのだが、芦原先生が東谷氏に連絡を取ったことがある。先生は、やや憤慨した様子で東谷氏とのやり取りを私に聞かせてくれた。

「おい、原田。東谷な、俺には内緒で日本にいるんだって。埼玉の肉屋でアルバイトしてるって言うんだよ。日本に来て働いているんだったら、ちゃんと報告せんと駄目じゃないか？　特殊警棒のヨーロッパ担当窓口にしようとしてるんだからきちんと連絡しろ、って注意したんだよ」

どうやら芦原先生は、自分に内緒で帰国して働いていたことが気に入らないらしい。揉《も》め事はないに越したことはないが、この程度のことは日常茶飯事だったので、私もそれほど気にしていなかった。

だが、それからしばらくして東谷氏から唐突に退会届けが届いたのである。

経済的に困窮しているということと、芦原先生にご迷惑をおかけしたくない、との内容だった。芦原先生に叱責を受けたことがきっかけになったのかもしれないが、突然の退会に私も驚いてしまった。

私は、世代こそ違うが東谷氏と何故か気が合った。

生まれたばかりの東谷氏の娘さんが大好きなキティグッズを、クリスマスプレゼントとしてデンマークへ贈り、非常に喜んでもらったのも今となっては良い思い出である。

今でも、東谷氏の何とも言えない寂しげな表情、憂いを帯びた笑顔が忘れられない。あれだけ入会を熱望していた芦原会館を中途半端に辞めていった経緯に、私はずっと納得がいかなかった。腑《ふ》に落ちなかったのである。

後年、芦原先生がお亡くなりになられた後、私はデンマークへ向かった。

デンマークのビボー市にあるゴルフホテルの一室で東谷氏と再会した。

懐かしかった。時間を忘れて様々な話をした。

そして、東谷氏から芦原会館を辞める決断を下した経緯を聞かされたのである。

「原田さん。僕は、極真に在籍中、半ばアメリカから逃げるような形で今のデンマークに辿《たど》り着きました。アメリカでの修行中に、極真の芦原先生の先輩格らの連中にボッコボコにリンチされたんです。そして私はアメリカから逃げて、今のような状態になったのです。デンマークに来てもアメリカから追っ手がやってきて、死の恐怖も感じました。大山先生のお付きの修行もしましたので、様々な経験もしました。組織としての良い部分も、悪い部分も全部見てきました。でも、憧れの芦原先生の猜疑心の強いああいうところだけは見たくなかった……。電話で注意を受けた際、咄嗟《とつさ》に拒絶反応と怖さを感じてしまったんです。また、リンチされるのではないか。そう考えてしまい、追われているときのトラウマがフラッシュバックした感じになってしまいまして……。そうして退会届けを出してしまいました」

東谷氏の真剣な語りに私は聞き入っていた。真情が垣間見えた一瞬だった。

――何とか力になりたい。

そう思った私は、

「東谷さん、もう一度、もう一度でいい。もう一回、やり直しましょう。今のままだとご自分の決断に後悔するでしょう。私が何とかしますから。もう一度でいい。一緒にやりましょう」

と、芦原会館に戻るよう東谷氏を懸命に説得した。

そして芦原先生の死後、英典館長に私がお願いする形で、東谷氏の復帰を認めてもらったのである。

その後、私が芦原会館を退職した後、東谷氏も芦原会館を再度退会して自流派を開いたと聞いた。何故、再び退会することになったのか？

真相はわからない。

しかしそれは、東谷氏にとって悔いのない決断であると信じている。

妙にウマが合った東谷氏。あのデンマークの空と雲の下で、明るい笑顔でまた語り合いたいと願っている。

芦原英幸の挫折

警棒事業をスタートしてから数年が経ち、芦原会館総本部の職員は私一人になっていた。その昔、わずか数週間で逃げようとした男だけが最後まで残る、という形になってしまったのは何の因果だろうか。

特殊警棒の開発に関する激務が続いていた。芦原先生は人任せにできない性格なので、設計から試作に及ぶ全てのことを寝ずに行っていた。

そして、弟子の私たちは、警棒の強度を測るために一万回も警棒を振らされるなどした。正の字を付けながら気が遠くなるほど警棒を振っていた。そこはいくらでも誤魔化すことはできたのかもしれないが、先生の言いつけは必ず守らなければいけない。思い出したくもないほど警棒を振ったという、苦い思い出になっている。

芦原先生が一つのことに取りかかることになれば、他のことは全てストップし、そのこと一つだけに集中する。結果として、先生以下、数多くの修行者たちもその一つのことに取りかかることになる。つまり芦原会館という組織は、芦原英幸という肉体そのものである。言うなれば芦原先生は究極の独裁者なのだ。

警棒事業は五年もの歳月に及んだ。時間の経過とともにマンネリ化することは避けられず、前述したように高弟の方々もこの期間に続々と退会し、独立していって芦原先生の元から去ってしまった。

芦原先生の二面性。底抜けの明るさで人を魅了する表の顔と、徹底的に人を疑う猜疑心の塊のような裏の心。相反する二つの顔に、時に包まれ、時に翻弄される日々の中で、皆、疲弊していったのだ。

それに加え、日々の警棒事業での厳しさに耐えきれず、夜逃げ同然で逃げていった者もいた。もちろん、全員がそうだったわけではない。たとえば里健志先輩は、お父様がお亡くなりになり、長男としての責任を全うするために、どうしても故郷に帰らざるを得なかった（里先輩の退職時にも騒動はあったが、それは後述する）。そのように悔やまれる形で退職された先輩も含めて、様々な形でメンバーが去っていき、気がつけば私一人になっていたのだ。

人が去っていく一方で、この期間の特殊警棒事業のほうは、順調に商品開発も進み、警棒のテーパー部（円錐《えんすい》状の警棒部位）の特許も無事に取得できていた。

教習用のマニュアルビデオの製作も順調に進み、特殊警棒の製造・販売を主業務とする別会社も銀行から融資を受けて設立し、大学を卒業した空手の者たちを営業社員として雇うようになってもいた。そして、全国の警察に営業活動を展開するようになっていた。残った職員である私は、芦原先生が語る商品紹介に関する文言を全て速記させられた。今の時代ならば、パソコンで楽々と作れるかもしれないが、その頃は全て手書きで作成するしかなかった。

そして、警棒事業を軌道に乗せて、ゆくゆくは大卒の学歴のある者たちを従業員として増やしていきたい芦原先生。

「おい、原田。お前は高卒だから、ゆくゆくは工場長な。不良品見つけたりチェックするのが仕事だよ」

私は空手をしに、ただ強くなりたい一心でここにやってきたというのに、後からやってきた大卒の人たちに給料も追い抜かれ、一万回も警棒を振らされ、工場長に任命されてしまうのか……。そのときは、さすがに私も枕を濡らしたのは言うまでもない。

大阪府警などでは私服刑事用に一部商品を納入することができるようにもなっていた。さらには、芦原先生が警察に出向き、開発した特殊警棒を使った逮捕術指導を実施するまでになっていたのである。

少しずつではあるが、芦原先生のこれまでの血の滲《にじ》む努力が形になっていった。大げさでも何でもなく、全国の制服警官が使用する警棒として、正式な認可を受けることができるかどうか、という段階まで話は進んでいたのである。夢の実現まであと一歩というところまで来ていたのである。

「こっからが大変なんよ、原田。今までの警棒の納入業者は、警察幹部の天下り先にもなっている会社でな。柔道や剣道の関係者との繋がりもあるらしい。つまり、もうすでに出来上がっとる世界なんよ。そんな世界に、どっから来たかよくわからん空手家が偉そうに参入してきやがって、という構図なんだよ」

一見すると豪放磊落《ごうほうらいらく》に見える芦原先生だが、何かを成し遂げようとする際には細心の注意を払う。警棒事業に関しても同様で、順調に進んでいるからと言って油断するということはまるでなかった。そんな芦原先生だからこそ、開発している警棒はクオリティが非常に高く、先生も自信を持っていた。

「今までの納入業者が開発した新商品の現物を見せてもらったけど、ありゃ駄目だ。すぐに壊れるよ。あれじゃ警察官の命を守ることも、より安全に相手を制圧することもかなわんわい。芦原が作った警棒はちょっとやそっとじゃ壊れんけん。一回購入したらその後ずっと使えるんよ。それに、使い方のビデオや技術書も揃えてすぐに使いこなせるようになっとるけん」

だが、商品のクオリティがいくら高くても、それだけで全てが決まる世界ではないのがビジネスの難しいところでもある。芦原先生もそのことは重々承知していた。

「あとは、決定する人が、今までのしがらみを取るか、新しい警棒を取るかの二つに一つだな。俺はそう思っとるんよ」

芦原先生らしい壮大な野望と、緻密な戦略。

多くの高弟や職員が去っていった裏側で、この特殊警棒の事業に時間とエネルギーの全てを費やしたと言っても過言ではなかった。だから、警棒事業の発展に誰よりも期待を込めていたし、負けるわけにはいかないという思いも相当なものだったと思う。

「原田、日本の警察に警棒が採用されたら、次は世界の警察じゃけん。そして、警察が終わったら、その次は軍隊。まあ軍隊までは時間がかかるとしても、警察には早く行き渡らせたいよ。世界中の警察官がこの警棒を持って、日々、自分の町の治安を守る。そして逮捕術は芦原カラテの『サバキ』よ」

そう語る芦原先生の目は爛々《らんらん》と輝いていた。芦原先生は特にそうなのかもしれないが、やはり人間は己の「やるべきこと」を見定めて、それに邁進しているときが一番輝くのだと思う。

芦原先生は、常に空手界の将来を見据えていた。空手道が、柔道や剣道のように日本武道として市民権を勝ち取り、空手愛好者が安心して日々の稽古に精進できる環境を作ろうとしていた。そして、高いレベルかつ大きな規模での空手大会の開催を行うという構想があった。

「日々鍛錬した屈強なメンバーが各県ごとの地区予選を戦って、勝ち抜いた奴らで全国大会を開くんだよ。それはやっぱり日本武道館で開催しなきゃ駄目だな。有名な一流企業が協賛に名を連ねてね。半端ない猛者連中の組手。俺が考えている大会と言うのは、そういうレベルの大会なんだよ。そしてゆくゆくは、オリンピックだわな」

そうやって先生は、次なる目標や夢を折に触れて私に語ってくれていた。

その大会の構想を語る流れで、警察官がどれだけ強いかという話になったことがある。芦原先生は、愛媛県の警察道場に指導に行っていた時期があったのだが、その際に警察官の強さ、屈強さを身をもって知ったのだという。

「あの連中の強さは半端じゃないぞ、原田。本当に、猛者の集まりだった。日夜、厳しい事件現場と対峙してるメンバーの気概は半端じゃないんだよ。柔道の棟ちゃんだって、普段は謙虚だし、温和に接してくれるけど、現場じゃあ半端ない迫力なんじゃけん。あれじゃ、ヤクザ屋さんもビビるわな」

「棟ちゃん」とは、愛媛県警の柔道師範・棟田利幸先生のことで、『空手バカ一代』に登場する四国の柔道王・雲井代吾のモデルになった人物のことだ。ちなみに棟田先生のご子息は、柔道の世界選手権で二度も優勝した康幸氏。

押しも押されもせぬ柔道界の大物だが、そんな棟田先生を「棟ちゃん、棟ちゃん」と親しげに呼ぶのが芦原先生の人を惹きつける所以《ゆえん》でもあった。

私はそうやって熱く語る芦原先生が大好きだった。「押忍」と言いながら聞き続ける私に気を良くしたのか、芦原先生は、

「そんな連中が、大会に出てみろ、原田。一般の連中じゃあ勝ちゃーせんけん。前にも話したことあるけど、そんな人らが東京から島流しで愛媛に辿り着いた芦原を快く警察学校指導に迎え入れてくれてね。有難かった。嬉しかった。年代も一緒なのに『芦原先生、芦原先生』って慕ってくれてね。心の奥底に、この人たちにいつか恩返ししたいという気持ちがあったんよ。じゃけん、この警棒事業で恩返ししたいんよ」

と、しみじみと何度も何度も語っていた。


そして、ついに運命の日が来た。

全国制服警官に支給される新たな制服と装備が正式に決まる運命の一日――。

芦原先生は、東京の西山亭指導員とともに警察庁へと向かっていった。

空手界の発展のために、全てを賭けて挑んだ一大事業の行方やいかに？

松山で連絡を待っていた私だが、芦原先生のお手伝いとして事業への取組みをご一緒させていただいただけに、結果が気になって仕方なかった。

夜、一本の電話がかかってきた。

「もしもし、芦原会館寮です」

受話器の向こうの気配でわかる。芦原先生だ。

だが、聞こえてきたのは、小さな、小さな、聞き取りにくく、沈んだ声だった。

「原田、駄目だったよ……」

その言葉を聞いた瞬間の感情をどう説明すればいいのだろう。

だが、私以上に芦原先生のほうが心は引き裂かれているはずだ。それなのに先生は、私に状況を説明してくれた。

「すでに今までの納入業者に決まっていた。あんな警棒をみんなに持たせるなんて駄目だと言ったんだけどな。もう決まってる、と。決まってる会社ってのは、警察ＯＢがたくさん天下ってるところなんだよ。出来上がっている世界に新規参入で入り込む隙間はなかったのかな……。悔しいけど、出来レースだったみたいだ。けどな、警杖などの一部商品の納入はできそうだ。お前、どう思う？」

私は頭が真っ白になって、小さく「押忍」と答えることしかできなかった。

さすがに、芦原先生も落ち込んでいた。

全ての力を注いで取り組んだ警棒開発事業が、敗北した瞬間だった。

この代償は非常に大きかった。

会員の中では大会の開催を望む声が日増しに大きくなっていった。そんな時期に、芦原先生はこの警棒開発事業に入れ上げていたのだ。警棒事業で利益を上げて組織を安定させた後での大会開催を目論む芦原先生と、自らの力を確かめたくてすぐにでも大会を開催したい会員たち。両者の溝は深まり、会員から不満の声が上がるのは必至だった。

当たり前の話だが、芦原会館に入会する者の目的は強くなることである。私だって、もちろん同じだ。

——厳しい修行を通じて、一人の空手家としてレベルを上げたい、もっと強くなりたい。

その思いで松山まで来たのだ。もし開催されるのであれば、大会にも挑戦してみたかった。しかし現実は、警棒事業のお手伝いに忙殺される日々。悪く言えば、事業の一つの歯車でしかなかった。

空手の修行はもちろん続けてはいたが、これといった新たな取組みもなく、数年間にわたって現状維持の状態が続いていた。そんな状況では、どれだけ強く自分を戒めようとしても、マンネリ状態に陥ってしまう。そして、続々と高弟が独立していった。芦原先生が広言していた大会の開催もないため、会員の中で不満が増大していたのである。

道場運営における他流派（極真会館や正道会館など）との競争も激化していた。

特に都会の東京・大阪エリアでの会員確保は年々、厳しさを増していた。当時の東京・大阪の職員の苦労も並大抵ではなかったと思う。

警棒事業がうまくいけば、芦原会館全体に活気が戻る。そうなれば、会員の不満や道場運営における劣勢も気にしなくてよくなったはずだ。だから、芦原先生は全身全霊で事業に取り組んだのだ。勝つと負けるとでは大違いであることを一番理解していたのは、他ならぬ芦原先生だったと思う。

だが……。

受話器越しの芦原先生の声は沈鬱そのものだった。励ましの言葉さえ遠慮してしまうほど意気消沈していた。受話器を片手にふとテレビを見ると、当時、格闘技ブームの火つけ役となった「Ｋ－１」が華々しく放映されていた。世は、格闘技ブーム真っ盛りだった。

テレビから聞こえる歓声で、芦原先生の電話の声が聞き取りにくかった。芦原英幸の元を去った直弟子・石井和義氏が展開する一大格闘技イベント「Ｋ－１」。かつては師弟関係だった二人の明暗がはっきりと分かれたことを象徴しているように感じて、テレビ画面がやたらまぶしく輝いて見えた。

この頃から先生の疲れが顕著に見え出した。審査会に行っても、指導員に審査を任せることが多くなっていた。それまでの芦原先生には見られない姿だった。

大きな夢に向かって体当たりでぶつかり、壁に撥ね返されてしまった。全身全霊を懸けた戦いに敗れてしまった。一世一代の賭けに出て、失敗した。

真っ正面から試練に対峙し、全ての気力と体力を使い果たした代償は、芦原英幸個人としても、組織としても、あまりにも大きかったのである。

芦原英幸の異変

それから、しばらく経ったある日。

芦原先生が、愛媛県警の柔道師範・棟田利幸先生に連絡をしたいと言う。

「おい、原田。ムレタ、ムレタ、ムレタに電話してくれ」

ムネタとムレタ――。

一瞬私の聞き違いかと思ったが、そうではないらしい。芦原先生も「ムネタ」と言えないことを不思議そうにしていた。

「あれ、おかしいな？　うまく言えない。ムレタ。ムレタ。ハッハッハッ！　おかしいな？　うまく言えないな。とにかく、ムレタに電話してくれ」

警棒事業での無理がたたり、体に負担がかかっていたのだろうか。先生の体調を気遣った私に、芦原先生はおもむろに左手を差し出した。

「最近ちょっと疲れてるからかな……？　原田、これを見てくれよ。また、手の筋肉がなくなってきてるんだよ」

差し出されたその手を見て、私はギョッとしてしまった。左手の親指と人差し指の間の筋肉がげっそりとこけていたのだ。

実は、この症状は二度目だった。数年前に、右手の同じ箇所の筋肉がなくなっていく症状が出たことがあったのである。

芦原先生は、思案しなければいけない問題が起きた際に、ブレーンや関係者に電話をかけまくる。受話器を片手にタバコをくわえ、相手が話すことを全て大学ノートに書き連ねるのだ。もちろん、それは先生の利き手である右手で行われる。その作業は昼夜を問わず、結論が出るまで続く。もちろん、その間、先生は不眠状態である。

書き連ねるメモや文章の量も尋常ではなく、一つの事案で大学ノート二〜三冊分にもなることもある。ちなみに、先生のノートはあくまでも速記。それを原稿用紙に清書する作業は私の仕事になる。当時はパソコンもワープロも普及していなかった時代なので大変だった。先生が指定した期日までに清書を終えなければならず、徹夜同然で対応するしかなかったのだ。

特殊警棒に関しても、例外ではなかった。当初は、こうした作業からくる右手の酷使で神経系に異常が生じ、筋肉がごっそりなくなる症状に繋がったのだと思っていた。

一度目のときは、松山赤十字病院で診断してもらった。肘の神経が筋肉に触れているとのことで手術を受け、術後、無事に快復したのだった。

今回は、前回と異なり、普段酷使することのない左手の異常。筋肉がごっそりとなくなった異様な左手を見せられたとき、なんとも言えない不吉な気持ちになった。

ご自身の体には絶対の自信を持っていた芦原先生だけに、本人としても不安は大きかったと思う。

手の筋肉がなくなっていく謎の症状の再発。そして、うまく舌がまわらない症状。

明らかに、芦原先生の体に異変が起きていると思わざるを得ない状況だった。

これは今から数年前に空手仲間から聞いて知ったことなのだが、この出来事があった数日前に行われた関西地区の審査会の途中で、芦原先生は泡を吹いて倒れたらしい。心配をかけたくなかったのか、芦原先生はそのことを隠していたので私は全く知らなかったのだが、聞いたときには心底驚いた。体の異変に気づいた初期の段階でおっしゃってくれれば……との思いは今でも消えない。

このやり取りがあった次の日、芦原先生は背広のポケットに手を突っ込み、どことなく寂しい背中を見せながら、

「ちょっと、病院に行ってくるわ」

と言って、近くの松山市民病院に向かった。

病院から帰ってきた先生は、出かけたときと同じようにポケットに手を突っ込んでいて、やはりどこか寂しそうだった。そして、私に信じ難いことを告げたのだ。

「原田……。俺、軽い脳梗塞と筋萎縮なんだってよ。ただ、脳梗塞は本当に軽度で、点滴くらいですぐに治るんだって」

そう言い残し、三階の自宅へととぼとぼ階段を上がっていった。

――筋萎縮？

軽度とは言え「脳梗塞」という単語にも恐怖は感じた。だが、それ以上に不気味に思ったのが「筋萎縮」のほうだった。芦原先生も私も、この頃はまだ「筋萎縮」という病気に関する知識がほとんどなかったのである。正直言うと、それが深刻な病気であるとの認識はそれほどなかった。ただ、やけに不気味な病名だなと思ったことは覚えている。

少しずつ、少しずつではあるが、芦原先生の運命に軋みが生じ始めていた。


後日、芦原先生は再検査を受けるために病院に向かった。

より精密な検査をするということで、松山市民病院より設備が整っている愛媛大学医学部附属病院で検査を受けることになったその日、私が車を運転し病院まで送った。

車中、どんな会話をしたか、はっきりと思い出すことができない。「必ず治りますよ」と、先生を励ますようなことを言ったというかすかな記憶は残っているが、芦原先生は心ここにあらずの様子だった。そのことは妙に覚えている。

病院に先生を送った帰り道、私は妙な胸騒ぎに襲われていた。

――この胸騒ぎが取り越し苦労になってくれればいいのだが……。

祈るような気持ちで先生の帰りを待っていた私だったが、検査が終わってタクシーで帰ってきた芦原先生から驚くような事実を告げられる。

「原田、やっぱり俺、死ぬわ！」

帰ってくるなり、いきなりの一言。慌てて事情を尋ねた私に対して芦原先生は、

「筋萎縮はな、次第に体の筋肉が衰えて、最後に、呼吸ができなくなって、肺に水がたまって、死ぬ病気なんだって」

と早口に言い残し、走り去るような勢いで一気に三階へと上がっていってしまった。

芦原先生が、死ぬ……？

「芦原英幸」と「死」という、結びつけることが不可能にも思える組み合わせに私は動転してしまい、しばらくその場に佇《たたず》んでいた。

その日の夜、私は人生で初めて医学書を開いて、筋萎縮について調べてみた。そして、この

病気の恐ろしさに衝撃を受けたのだ。

正式名称、筋萎縮性側索硬化症（通称ＡＬＳ）。それは、ＭＬＢの国民的人気選手であったルー・ゲーリッグ（一九四一年に死亡）が罹患したことから、別名「ルー・ゲーリッグ病(Lou Gehrig's disease)」とも呼ばれている病気だった。

肉体の筋肉が次々に衰え、動かなくなり、最後には瞼《まぶた》の筋肉しか動かせなくなるらしい。そして最後には、自発呼吸ができなくなり、発病から約三年で死に至るケースがあるという難病中の難病だというのだ。私が開いた医学書には、萎縮した状態の舌の写真と、親指と人差し指の間の筋肉がげっそりとなくなっている両手の写真が載っていた。

そして最後に、「未だ治療法もない」と記されていたのである……。

そのとき初めて、この病気の重大さを認識した。

それは正に、芦原英幸が迎えた最大の試練でもあった。

ふと気づけば、風呂場から芦原先生の歌が聞こえてきた。サウナと風呂が大好きだった芦原先生だが、その日は何を思いながら歌っていたのだろう。

運命のままならなさに思いを馳せていたのだろうか。

風呂場からは、芦原先生が小さな声で朗々と歌う放浪歌が聞こえてくる。

「波の彼方の四国のはてに〜、男多恨の身の捨てどころ、胸に秘めたる大願あれど、生きて帰らむ希望はもたぬ〜」

少しずつ、少しずつ歌声が大きくなっていった。

「トゥルルー、トゥートゥルルー、トゥルルー　ウー　ウーーー」

しばらく、沈黙の時間が流れた後、突然、

「オリャー！！！」

とけたたましい気合いがこだました。

今までに聞いたこともないほどの凄まじい大声に、私は雷に打たれたように電流が走り身震いがした。

しばらくして風呂から上がった芦原先生は、私の目の前を足早に通り過ぎ、三階に上がっていった。

病院から帰ってきたときとは違って、背筋をピッと伸ばし、何かを決意した姿だった。

私は、その姿を見たときに、芦原先生が病気と徹底的に闘うことを決意したのだと悟った。

芦原先生のあの顔を見れば、私にはそれがわかる。

嬉しかった。芦原先生が病魔と闘うことを決意してくれたことが、ただただ嬉しかった。私にできることは何でもやろうとも思った。

——芦原先生だったら、初めてこの病気を治す人になるかもしれないっ!!

真剣にそう思ったし、そう願わずにはいられなかった。

その日から、病気の詳細に関しては完全な緘口令《かんこうれい》が敷かれた。「体調不良」という通達は全国の支部に出さざるを得なかったが、筋萎縮のことまで伝わってしまうと組織全体が動揺する。会員に真実を伏せるのは心苦しかったが、やむを得ない選択だった。

しかし、先生の病気の噂《うわさ》はあっと言う間に全国に広がっていった。人の噂が広まるのは本当に早い。

全国からひっきりなしに電話がかかってくるし、人と会うたびに色々な質問を受けた。

全てを隠すのは難しい状況だった。ただ、その段階になっても「筋萎縮」のことだけは知られないようにしていた。

「原田さん、本当のことを教えてください。芦原先生は大丈夫なんでしょうか？」

「大丈夫です。実は脳梗塞だったのですが、幸いなことに軽度なものですので、今は快方に向かっています。ご心配おかけして申し訳ありません」

聞かれるたびにそのように答えていた。だが、北海道のある会員から電話を受けたときに、愕然《がくぜん》としてしまった。

「原田さん。だから本当のことを教えてくださいって。芦原先生が、筋萎縮で治らないって、みんな言ってますよ。お見舞いに伺いたいんですけど、どうなんでしょうか？」

どこで筋萎縮の話が漏れたのかは不明だが、この連絡を皮切りに、同じような問い合わせが増えていった。


芦原先生が罹患した病気が筋萎縮であるという事実は、秘密でも何でもなくなってしまった。全国の会員有志から、病気を治すための様々な漢方や薬が届き始めたのだ。

芦原先生は、その全てを試した。霊媒師がやってきたこともあった。そして、病気の噂を聞きつけやってくるのはいい者ばかりではなかった。昔芦原先生と兄弟分だったと名乗る者や、何かあったときは相談役として任命されていたと自称する者など、有象無象《うぞうむぞう》の連中がやってくるなどもした。

芦原先生も藁《わら》をも掴む心境だったに違いない。

兵庫県の会員の方の紹介で、高知県の土佐清水市の病院まで車で四時間ほどかけて行ったこともある。砂風呂治療が筋萎縮に効くとのことで、先生と私、そして奥様と長女の佳果ちゃんの四人で土佐清水市へと向かった。

松山から土佐清水市に向かう途中の犬寄峠の食堂で食べた蕎麦が忘れられない。若いときに先生と一緒によく食べた蕎麦。あの頃の先生は「超」がつくほどの早食いで、そのスピードについていくのが大変だった。だが、このときの芦原先生は、あの頃のようなスピードで食べることはできない。ゆっくりと、ゆっくりと味わいながら食べていた。

何と言うことのない食事の風景だが、かつての芦原先生を知っている私には、その当たり前の風景がやたら寂しく感じられた。

「ここがな〜。俺の原点じゃけん。決して美味しいとは言えないんだけどなあ。八幡浜から、車で松山に指導に行くときに必ずここを通ってた。そのときは本当に将来が不安でな……。この蕎麦を食べながら、『空手で飯食っていけるんだろうか?』と、いつも思ってた。懐かしいわい……」

国道56号線を南下しながら愛媛県南予地区の風景を車窓から眺め、自分が必死で生きてきた過去を懐かしんでいた。

土佐清水市に着き、病院での診察を受けた芦原先生は、その後、医師が勧める砂風呂治療のためにしばらく入院して治療をする運びとなった。

翌日、先に私と佳果ちゃんが松山に戻り、約一ヶ月の入院予定で、芦原先生と奥様が病院に残った。

しかし数日後、芦原会館で仕事をしているときにかかってきた電話で、私は慌てふためく羽目になる。

電話は、奥様からだった。

「先生が、もう治療を切り上げて松山に帰ると言ってきかない」

驚いて事情を聞くと、芦原先生は「入院を取りやめて電車で戻る」と言っているのだという。

一体何があったのだろう？　わけがわからず混乱したが、そのときの私にできることは待つことしかない。焦《じ》れるような気持ちで二人を待っていたが、奥様とともに駅から歩いて帰ってくる先生の姿を見て驚いてしまった。

坊主頭で、杖をつきながら歩いているのだ。

ゆっくりとゆっくりと、一歩ずつ歩いては止まり、また歩き出しては、少し不機嫌そうに立ち止まり……。

それを繰り返しながら、道場に向かってくる芦原先生。奥様がさりげなく支え、途中で立ち止まるたびに二人で苦笑いを浮かべる。迎えに行くべきかと思ったのだが、二人のその空間に立ち入ることはできなかった。

時間をかけて道場へ辿り着いた芦原先生は、ゆっくりと視線を上にあげ、会館前に植えてある大木を見上げた。そこには一切の寂しさがなく、鋭い眼光が光っていた。

数分間はそうしていただろうか。

芦原先生は、声をかけることもできずに側に佇んでいた私をジロリと一瞥し、無言のまま会館三階へと上がっていった。

芦原先生の病気が判明したのは四十七歳のときだった。当時二十三歳だった私だが、あれから月日が経ち、その間に私も人の親となり、家族を支える身にもなった。二十代の私では想像することしかできなかったあのときの芦原先生の心情が、今はある種の実感を伴ってわかるような気がする。

芦原先生がゆっくりと木を見上げる光景と、ジロリと私を一瞥した目を思い出すと、私はどうしてもこう思ってしまうのだ。

――芦原先生は全ての治療を諦め、自分自身の運命を受け入れたのだ。

医師から止められていたタバコをまた吸い出したのも、この頃からだった。


ある日、私が会館前の駐車場の掃き掃除をしていると、会館の屋上に芦原先生が奥様と一緒に立っている姿が見えた。奥様は、芦原先生の腕を取っていた。

「オーイ、原田」

と小さな声で呼び寄せられた私は、急いで屋上に向かった。

「俺な……。この屋上から飛び降りたくなったよ……。でもマスミに止められてな。俺の腕を離さないんだよ」

「そんなことおっしゃらずに……」と私は答え、会員がいかに芦原先生の快復を祈っているかを伝えたが、芦原先生の表情が晴れることはなかった。

「もー、何もかも投げ出したくなったわい……。この病気は、徐々に筋肉が動かなくなって最後は、瞼しか動かなくなるのを知ってるだろ？　そんな姿、耐えられるか？　俺には、無理じゃけん。お前、どう思う？」

「……押忍」

「俺もな、病気が治るものなら治してみたいわい。今まで色んな努力もしてみた。けど、こないだ高知の病院で勧められるがままに砂風呂入って、天井見ているときに思ったよ。『こんなんじゃ治らんわい』ってな。お前も聞いただろ？　病院の先生が、『あなたは運がいい。これで治ります』ってな。よく言うわ。藁をも掴みたい心境になったときに、一体、何人の人間が、このセリフを使って俺のところに来た？　どいつもこいつも、偽物だったよ」

全てに疲れきったのか、このときの芦原先生には深い諦念が滲んでいた。

そして芦原先生は、ついに治療らしい治療を諦めてしまい、薬もほとんど飲まなくなった。

病状は日増しに悪化していった。徐々に徐々に芦原先生の体は病魔に蝕《むしば》まれていき、いつの日か会話もできなくなっていった。先生との会話は文字盤を使ってのものとなり、自力での歩行もできなくなってしまった。

そんな状況の中で私は、腕をゴム紐で吊《つ》り、直《じか》に指差し会話のできる文字盤台を作り、芦原先生に装着してもらった。芦原先生の筋力は落ちているので次の文字に動かしづらい。しかし、文字盤の側面に支柱を造り、そこにゴム紐を吊るせるようにした。ゴム紐にリストバンドをつけて手に装着することで腕がゴム紐に引っ張られ、跳ねるように手の上げ下げができるようになる。つまり腕の力をそう使わずとも文字を示しやすくなる。

自作なので高が知れているかもしれないが、何とかして芦原先生とコミュニケーションを取りたい一心だった。「こんなもの使いたくない」と思われるかもしれないが、私は私なりに必死だった。

自作の文字盤を見た芦原先生がことのほか喜んでくれたときの嬉しさといったらなかった。

文字盤を指差しながら、

「ありがとう　これでしごともできる」

と伝えてくれた芦原先生の笑顔が忘れられない。

「しごと」というのは他でもない。警棒事業のことである。

日本の警察に納入するという夢は叶わなかったが、なんとお隣の韓国の警察から特殊警棒の特許に関する打診があったのだ。しかし、芦原先生は逡巡《しゅんじゅん》していた。それは、芦原先生の師である大山倍達総裁の出自が韓国であったからだ。芦原先生は、日本の警察への恩返しのために警棒開発に心血を注いでいたのに、決別した大山総裁の祖国のために自分の警棒が使われるのかということを、相当思い悩んでいた様子だった。

結果、韓国からの話は断ることになった。

芦原先生は、「日本の警察への恩返しのため」という思いが強かったのだろう。自分の体が思うように動かせないこの状況においても警棒事業に心血を注いでいた。特殊警棒を通じて芦原カラテが世界に進出していくことを思い描くことで、ともすれば折れてしまいそうになる心を奮い立たせていたのかもしれない。私を屋上に呼んだときのように弱音を吐くこともあったが、それは稀なことだった。大げさでも何でもなく、魂を燃やし尽くすかのように仕事をしていた。文字盤を通じて私に考えを伝え、特殊警棒を広めようとしていた。

館長室の椅子に無言で座りながら、文字盤で意思疎通を図ろうとする芦原先生の姿は、私の中に深く刻み込まれている。

かつての館長室は静寂とはほど遠い場所だった。張り裂けんばかりの緊張感と、芦原先生が醸し出す独特のオーラに包まれていた。

館長室に入る際には、自分自身にも気合いを入れないといけない。館長室の前に立ち、腹に力を入れて、

「押忍!!　失礼します！」

と張り叫ぶようにして挨拶していた。

「オー！！！！」

と返ってくる野太い芦原先生の声。

私はその声から元気をもらっていた。嬉しいことも辛いことも、芦原先生のあの声とともに思い出すことができる。

時間の流れとともに芦原先生の体調は悪化し、かつてのような野太い返事はなくなっていった。だが、私は入室のスタイルを一切変えなかった。

「押忍!!　失礼します！」

と、かつてと同じように張り叫ぶように挨拶して館長室に入っていった。

これだけは絶対に変えてはいけない――。

私は頑《かたく》なにそう思っていた。

組織のトップが持っているプライドに対しての礼儀である。たとえ体がどうなろうと、芦原会館のトップは芦原英幸なのだ。

一九九二年、つまり芦原先生が病に冒されてしまったその年に、京都大学から足の神経の一部提供を求める依頼があった。ＡＬＳの治療法も含めた包括的な研究をするため、そして芦原先生自身の治療に繋げるためとのことだった。

だが、この依頼に応じるには悩ましい問題があった。それをやると二度と歩行ができなくなるというのだ。

同じ病気に苦しむ方々のためになるならとの思いもあり、芦原先生も悩んでいた。

提案はそれだけではなく、気管を切開して人工呼吸器で呼吸を確保するのはどうかというものもあった。この頃はもう自発呼吸も困難な状態にまで病状が悪化していたのである。

どちらも悩んだ末にお断りした。病院からの入院の勧めにも応じず、自宅療養の道を選択した。

芦原先生は、最期まで自分の肉体のままでいたかったのだと思う。そして、道場の会員たちの稽古の声がこだまする自宅で最期を迎えたかったのだと思う。芦原先生のその心情を思うと、今でもやりきれない思いに駆られる。

芦原先生の没後十年ほど経った二〇〇六年。京都大学の山中伸弥教授により、世界で初めてｉＰＳ細胞の作成に成功したとの報道が世界中に流れた。いつの日か、再生医療の進化に伴い、ＡＬＳという難病にも有効な治療法が見つかるに違いない。

そういう未来を願ってやまない。

余談ではあるが、先生の没後、芦原先生の長女の佳果ちゃんが結婚された。

光栄にも式の招待を受けたのだが、空手関係者での出席は中元憲義師範（後述）と私の二人だけだった。一切の空手色を排する、むしろそれを拒絶する、普通の式を佳果ちゃんは望んでいた。

芦原先生の写真も空手着ではなく、大好きなクルーザーを操縦する写真だった。

空手関係者からのお祝いのお花は、全て式場外の目立たない場所に置かれていた。素のままの父親が大好きだった佳果ちゃんは、空手家としての芦原英幸ではなく、あくまでも父親としての芦原英幸に晴れ姿を見せたかったのだと思う。

佳果ちゃんは、普通の家庭が理想だと事あるごとに言っていた。芦原先生は激動の空手家人生を送ったがゆえに、時にご家族の皆さんも大変な思いをされたと思う。そういう家庭環境で育った彼女ならではの、本音なのだと思う。

長らくお会いできていないが、芦原先生が対面することは叶わなかったお孫さんも、今では立派に成長されていると思う。

芦原先生も、初孫に会いたかったに違いない。その手でお孫さんを抱いてみたかっただろうし、日々成長していくお孫さんの姿を見たかったはずだ。

だが、その願いはもう叶わない。そのことが、ただただ悲しい。

芦原会館の跡目問題

芦原会館二代目館長は、誰がなるべきか？

芦原先生が難病を患ったことにより、芦原会館はその問題に向き合わざるを得なくなった。もちろん、病気の快復は全員が望むところなのだが、組織運営は希望だけでは成り立たない。起こり得る現実に対してどう対応するかを決めなくてはいけなかった。

強烈な存在感で、組織のトップに君臨した芦原先生。極真会館から独立してご自身で立ち上げた団体なだけに、会館の発展に懸ける芦原先生の思いの強さは半端ではなかった。だが、自身の体の異変に気づき出したあたりから、芦原先生は後継者選びを強く意識するようになったように思う。

当時、芦原会館の会員は全国に四〇〇〇〜五〇〇〇人、職員は全国に四人いた。その四人に対して芦原先生は、

「次の後継者は、誰がいいと思うか？」

との質問を投げかけていた。

まずは、東京本部の西山亨指導員を含む二人から、大阪・関西本部を預かる松本英樹師範代を推す声が挙がった。

私は、まだ十六歳ではあったが、芦原先生の長男である英典君を推した。

松本英樹師範代と、芦原英典君。

後継者候補はこの二人に絞られる形となった。

後継者候補として名前が挙がった松本師範代に対しても、芦原先生は「誰がいいか？」と確認していた。だが、明確な返答はなかったと聞いている。

職員の二人が松本師範代を推し、私一人が芦原英典君を推すという形になった。

純粋な多数決で言うと、松本師範代が後継者ということになる。だが、二代目選びはそれほど単純な話ではない。それが組織というものの難しいところだ。初代の芦原先生が存命のうちは、先生の考えというものが結果を大きく左右する要因となる。

芦原先生の側で仕えていた私には、近くにいるからこそ感じ取れる本音というものがあった。

「原田、芦原会館の二代目は誰がいいと思う？」

「英典君がいいと思います」

文字にすれば、たったこれだけのやり取りに過ぎない。だが、私が英典君の名前を出した瞬間、先生の表情がかすかに動いた。日常的に接している者でないと感じ取ることができない程度の変化だったかもしれない。だが、私はその変化を見逃すことはなかった。

――先生は、英典君を二代目にしたがっている……。

そう直感した。身も蓋もない言い方になってしまうが、それが親としての本音でもあったのだろう。

かつての芦原会館であれば、二宮城光師範や里健志先輩がいた。実力も人望もあるあの方たちであれば、後継者として問題なく二代目館長の座におさまったと思う。英典君が芦原会館を継ぐとしても、「経験を積んでから」という当たり前の判断がなされたはずだ。

もちろん、松本師範代に難があると言いたいのではない。松本師範代は、人格的にも優れた方だったし、何よりも本当に強い先輩だった。東京の西山先輩も松本師範代の実力を考慮しての推薦だった。

「強さで言ったら、松本師範代だろ。やはり実力でいかないとこの世界、誰もついてこないでしょ？　英典君はまだ高校生になったばっかなんだから、館長になるとしたらその次でしょ」

私も基本的には同意見である。普通に考えれば松本師範代で決まりだと思っていた。十六歳の英典君が候補になることのほうが不自然なのだ。しかし、英典君を推薦する私の意見は一切ブレなかった。

何故か？

芦原先生が決して口に出しては言えない思いを感じ取ってしまったからだ。「二代目は誰がいいと思う？」の質問に答えた際の、一瞬の表情の変化。それが私にとっては全てだった。館長の重責を誰よりもわかっている芦原先生が、それでも英典君を二代目にしたいのであれば、そのためのお手伝いをするのが私の役目だと思った。

ただ、これは継承問題における常なのだと思うが、誰が二代目館長に就任したとしても複雑な人間関係と因果が新たに派生してしまう。

あらゆる分野において、最も難しいとも言われるのが組織の事業承継なのかもしれない。様々な人間の思惑が入り乱れた果てに、組織分裂を招く事例も後を絶たない。空手組織においても同様である。全国数千人の会員を抱える芦原会館だからこそ、二代目問題は組織運営における最重要課題だった。

芦原先生の元で一枚岩だったはずの芦原会館。だが、後継者問題に関する各々の考え方が交錯する中で、少しずつではあるが亀裂が生じ始めていた。そんな空気の中、時は流れていった。

悲しいけれど、芦原先生の病気の進行は止めようがなかった。だが、皮肉と言えば皮肉だが、病状が悪化すればするほど、二代目館長を巡る跡目レースは激化していくことになる。

松本師範代を推す東京の西山先輩と、英典君を推す松山の私。その衝突が、少しずつ表面化し始めてしまったのだ。

「英典君を推しているのは原田だけだ。後は、松本師範代で一致している。ここは、一気に流れを作って決定まで持っていこう」

この時期、英典君を支持する私の排除工作が、三人の職員の間で進められていた。

その頃、警棒事業の社員ということで、東京から西山指導員の後輩が松山の芦原会館にやってきた。本人は四国ですぐにでも空手の修行ができると思ってきたのだろうが、前述したように芦原会館の仕事はタオルを洗濯したり掃除をしたりといった細々とした雑務がある。その指導は私がしたのだが、彼は「雑務などするために松山まで来たのではない」という態度を頑なに崩さない。融通の利かない男だった。無論、私はその態度を咎《とが》め指導するのだが、それが端からはイジメているように見えていたようである。そして彼は途中で辞めて去ってしまった。

すると、「西山指導員の後輩を私がイジメて辞めさせた」という風に話が広まってしまった。

つまりは、継承者争いの中で、邪魔者である私を排除しようとする風向きになったのである。

その一件をもとに、東京の西山指導員を中心に話が進められ、最終的に私が責任を取る形で職員を退職するという形にまとめられた。

その一件に関し、私にも多少の非があったと思うが、明らかに強引な手段だった。

原田を辞めさせるべき――職員三人の総意という形で、西山先輩は芦原先生に詰め寄った。

「お前ら、何やっとるんだよ。そんなことぐらいで」

芦原先生はその要請を一蹴し、私への退職工作は成就せずに終わった。

だが、私の中には当然しこりが残った。正直に書くが、

――絶対に、この三人の思惑通りにはさせない！

という強い対抗心が芽生えてしまった。

一方で、「芦原先生に救われた」という感謝の思いが生まれたのも事実だった。芦原先生への忠誠心と西山先輩たちへの反発心が両方とも強くなってしまう状態というのは、決して好ましいものではない。今でこそそう思うが、当時は私もそこまで自分を冷静に客観視することができなかった。

私の排除工作が失敗に終わったからと言って、松本師範代を推すグループがおとなしくなったわけでなく、むしろより一層の勢力拡大に動き出した。

西山先輩ら三人の職員が中心となって数多くの会員に声をかけ、東京・大阪・他支部合同での組手大会の話が進められていたのだ。しかもそれは芦原先生には内緒だった。完全に水面下での動きだったので、芦原先生は全く気づいていなかった。

岡山県の支部長が芦原先生のお見舞いに来た際に、当然知っているものとしてこの大会のこ

とを話した。寝耳に水とはこのことである。芦原先生は激怒して即刻西山先輩らに連絡し、大会は中止となる。

あの頃は敵対心にも似た気持ちを持ってしまっていたが、あれから月日が経ち、当時とは違った角度から西山先輩の気持ちを察することができるようにもなった。現在も最古参の職員として芦原会館に勤務している西山先輩の名誉のためにも、次のことはきちんと記さないといけない。

西山先輩は決して芦原会館を自分の意のままに操ろうとしていたわけではない。組織の発展のためには、何よりも大会開催が重要だと考えていたのだ。芦原先生の病気のことで動揺が走る組織を立て直すには、確かにそれは有効な一手だったと今にして思う。

芦原先生が激怒したことにより中止に追い込まれた大会ではあったが、自身の信念に基づいて行動する西山先輩は屈しなかった。後日改めて、東京本部会員の総意という形で開催許可を求める電話をかけてきたのだ。大会開催に対する西山先輩の執念は半端ではなかった。

東京という大都会での道場運営に苦心される西山先輩の心からの願いであったと今にして思う。芦原先生の正式な許可を最後まで求め続けたその姿勢は、事の筋道を大事にする西山先輩ならではのものだった。しかし、大会は開催されなかった。

前述したのはトラブルの一端に過ぎない。さすがに「排除工作」というほど大きなものが頻発したわけではなかったが、大小様々な形で組織にひずみが生じてきた。

そんな折、西山先輩らが二代目候補として擁立していた松本師範代に問題が露見する。道場運営の経理面において問題が発生し、何と退職を余儀なくされたのだ。

詳細は省くが、今となって思えば、芦原先生に、そういう形に持っていかれた結果だとも思う。おそらく芦原先生は、その事実を前々から知っていたのではないだろうか。そして後継者争いが勃発していたまさにそのときに、持っていたそのカードを切ったのではないだろうか。松本師範代は有力な後継者である。その有力な後継者を芦原先生自らが消したとも言える。

間に挟まれた私たちも、人間関係が複雑化していくことに心労を覚えた。

当時、飛ぶ鳥を落とす勢いだった芦原先生の元直弟子・石井和義館長率いる正道会館が、大会開催を中心に支部道場拡大を進める中、特殊警棒開発に心血を注ぎ、それ以外の際立った動きを見せなかった芦原会館。

開きつつあった差がさらに大きくなり、そんな芦原会館を東京・大阪の職員が必死で支えていたのが事実であった。

松本師範代が起こした問題も大阪の道場経営に苦心された上でのやむにやまれぬ行動だったのだと思う。良くも悪くも超ワンマン体質の組織であったがために、特殊警棒だけに腐心する芦原先生への不満を直接ぶつけることはできない。

松本師範代の道場経営の苦労がうかがえた。その責任を一手に引き受けて退職を余儀なくされ、本当に悔しかったと思う。

この問題を話し合うために、職員や関西の古株たち七〜八人が松山に集結し、体調が優れずに寝ている芦原先生のベッドを取り囲んで話し合いの場が持たれたことがあった。

その場では、特殊警棒事業に夢中になり過ぎていることへの不満も出た。芦原先生にしてみれば、そんな不満を持たれているとは夢にも思わなかったのだろう。聞いた瞬間、人目もはばからずに大泣きしたのだ。

長年近くで仕えてきた私でさえ、これまで見たこともないほどの号泣だった。

「わしは、警棒は、お前らのためにやってきたのに、わーっ‼　お前ら、わーっ！　マスミ、わしは命を賭けてやってきたのに、こいつら！　わー！」

芦原先生は、絶叫するように泣き続けた。途中からは、理解を求めるようにして奥様の名前を連呼していた。心身ともに思い通りにいかない中で、それでも会館のために必死に取り組んできた警棒事業を否定されたと感じたのだろう。感情が一気に爆発してしまったかのような大号泣だった。見ていると胸が張り裂ける思いに駆られるほど痛ましい姿だった。

組織のトップとは、どれほど孤独なのだろう。全てを背負う重圧とは、いかほどのものなのだろう。自分一人が良ければそれで済むわけではない。数千人の会員が日々の稽古に精進できる環境を作らなければいけない。極真会館から独立して一本独鈷《どっこ》の存在であり続けた芦原先生には、「寄らば大樹の陰」という発想はない。常に自分から攻めて、道を切り開かなくてはいけない。成功すれば評価に繋がるが、失敗したときは全ての批判が降りかかる。

警棒事業がうまくいっていれば……。

歴史に「もし」はないと言うが、今でもどうしてもその考えがよぎってしまう。芦原先生が開発した特殊警棒が警察組織に採用されていれば、芦原会館はさらなる発展を遂げることができたはずだ。だが、一か八かのその戦いに芦原先生は敗れてしまった。その失敗のひずみが、モロにのしかかってきていた。

組織運営がうまくいっているときには表面化しない問題点、芦原先生がかつてのようにエネルギッシュに邁進しているときであれば表出しない不満。そういったものが堰《せき》を切ったように湧き出てきて、止めることができなくなっていた。

組織が崩壊する音が聞こえるような気がした。

ワンマン体制のまま組織を大きくしてしまった弊害なのだろう。それはわかっている。だが、わかっていてもどうにもならないこともあるのが現実社会だ。このままではいけないと強く思う自分と、どうすることもできない自分。

そんな自分にもどかしさを感じて歯噛みする私の前で、芦原先生は人目もはばからずに大泣きしていた。奥様もその隣で泣いていた。

二人のその姿を見て、私は心に誓った。

――絶対に、英典君を二代目館長にしよう。このご夫婦のためにも絶対に……！

何が正しくて何が間違っているのか、私にはよくわからない。もしかしたらこの判断は間違っているのかもしれない。英典君を二代目館長にするために動くことで、私自身にとんでもない試練が降りかかるかもしれない。しかし……。

――どんなことがあっても、英典君が二代目に就任できるように動こう。

私の中で、そういう覚悟が固まった。芦原先生に拾ってもらった私ができる恩返しとしては、これくらいのことしかないと思ったのだ。

この出来事の数年前に、私は成人式を迎えていた。出るつもりはなかったのだが、

「原田、明日の成人式に必ず参加するんだぞ。そして、両親に対する感謝の気持ちを忘れるな。節目節目は大事なんじゃけん。いいか、必ず参加するんだぞ」

と芦原先生に言われ、急遽《きゅうきょ》参加することにした。多くの同世代が背広や着物姿で賑《にぎ》やかに談笑する中、背広を作るお金もなかった私はポロシャツ&ジャンパーにジーパンという姿で出席した。自分以外の人がうらやましかった。虚しさと寂しさがこみ上げた。

だが翌日、出勤した私を待っていたのは奥様の笑顔だった。

「原田さん、おめでとう！」

奥様はそう言って、黒色のハイネックセーターをプレゼントしてくださったのだ。びっくりしたし、本当に嬉しかった。そのセーターは今でも大事に着させていただいている。

芦原先生と奥様からいただいた数々の恩義に報いるためには、英典君を二代目館長にするしかない。時期尚早だろうが、間違っていようが、それが二人の願いならばその実現のために動くのが私の役目だ。

——自分の役目が終わったら、芦原会館を辞めよう。いや、空手自体をすっぱりとやめよう。

そうやって腹を決めたとき、久しぶりに内なる活力が体内を駆け巡るのを感じた。やはり、人間には目標が必要なのだ。目標に向かって邁進することを厭わない精神こそ、私が芦原先生からいただいた最大の財産なのだ。

私は早速動き出した。二代目館長就任のためには全国の会員からの支持が必要になる。今のようにメールでコンタクトが取れたり、ＳＮＳで情報収集や発信できたりする時代ではない。支持していただくためには、直接会わなければいけない。会って顔を見ながら話すことでしか、皆からの信頼を勝ち取ることはできないと思った。

英典君とともに全国を行脚する日々が始まった。

北は北海道から、南は九州・沖縄まで。文字通り全国各地区の審査会をくまなく回り、組織の現状を説明した。目指している未来を語った。そして、

「後継者には英典君を推してください」

とお願いした。休みはほとんどなかった。一人でも多くの理解者、支持者を増やすために、ほぼ毎週のように英典君と一緒に出張して、審査会に顔を出した。

必死だった。

単に人に会って挨拶するだけではない。地区や地域によって異なる運営事情を察した上で、「二代目は芦原英典君を推そう」と思ってもらわなければいけないのだ。十六歳の英典君にそういった大人の事情を汲《く》み取ることを期待するわけにはいかない。

おこがましいかもしれないが、「私がやらなくて誰がやる」という気持ちだった。

とにかく、芦原先生に安心してもらいたい、組織を守りたい、その一心だった。

芦原先生がお亡くなりになる二十二日前に挙行した私自身の結婚式のときでさえ、その思いは消えなかった。消えなかったと言うよりも、最後の詰めとして自分の結婚式を使ったという言い方のほうが正しいかもしれない。私は自分の結婚式で一気に勝負を決めにいこうと考えていた。ここで強引に持っていくしかない。多少、強引な運び方ではあったかもしれないし、褒

められた考えではないかもしれないが、「芦原英典を二代目館長にする」というのは、私の中でそれほどまでに大きな使命だったのだ。

式には、英典君を二代目館長に推すと明確に支持してくださっている支部長を数多くご招待し、私の仲人は中元憲義師範ご夫妻にお願いした。

披露宴の席で、英典君が芦原会館の二代目に就任する旨の宣言がなされた。席上、割れんばかりの拍手が溢れ、二代目継承はゆるぎないものとなった。これでようやく二代目争いの決着がついた形となった。

お体の具合が悪く、出席が叶わなかった芦原先生からも祝辞をいただいた。英典君が代読してくれた。

「原田が、一人になっても病気になった私を支えてくれた。本当にありがとう。息子をよろしくお願いします」

文字盤で必死に打ってくれたに違いない祝辞をいただき、感無量だった。しかも、芦原先生からは三段の黒帯のサプライズプレゼントまでいただいた。

英典君の二代目館長就任に一役買えたことに安堵《あんど》しつつ、私は一週間の新婚旅行に出かけた。

これは帰国後に奥様から教えていただいたのだが、その期間中、芦原先生は、

「原田が帰ってくるまでは絶対に死ねない」

とおっしゃり、ずっと椅子に座ったままだったのだという。仮眠を摂る際にも横にはならず、椅子に座ったままだったらしい。と言うより、ほとんど睡眠も摂らず帰りを待っていてくださったと聞き、私は人知れず涙した。

今だから明かせるのだが、実はこのとき、芦原先生は膀胱癌《ぼうこうがん》も併発していた。細胞が次々に終焉《しゅうえん》に向かい、肉体の終わりを迎えようとしていたのだ。

芦原先生を背負い、奥様と一緒にお墓の場所を決めに行ったのもこの時期だった。

今でこそ「終活」という行為がポピュラーになったが、当時はそこまでではない。もちろん私もお墓の場所選びに付き添った経験があるわけがなく、ただただ芦原先生を背負っていただけに過ぎない。激動の人生を生きた芦原先生は、どんな思いでご自分のお墓の場所を選んだのだろう。

たとえば、私が息子に背負われて、お墓の場所を決めるという状況を考えると……。

今となっては何となくわかる。悔しかったに違いない。辛かったに違いない。無念だったに違いない。余りにもあっと言う間に人生が過ぎていく無情さに思いを馳せていたのだと思う。

芦原先生を背負った感触を、私は忘れることができない。

かつてはどんな猛者をも一瞬でねじ伏せてきたその体が、すっかり痩せ細っていた。私は、痩せたその体に圧倒される思いだった。こんな体になるまで、芦原先生は自分の人生を生ききったのだ。そして今、その人生に終止符を打とうとしているのだ。

「ここが、いい」

芦原先生がお墓の場所を指差した。目の前に広がる光景を見たとき、私は涙をこらえることができなかった。その瞬間のことを思い出すと、今でも芦原先生の体の感触と声が蘇り、涙が出てくる。

芦原先生が指差したその場所は、道場を見守ることができる位置だった。大好きな松山城と松山市内が一望できる場所だった。

芦原先生が天国へ旅立った後、自筆で書かれた「努力」という石碑とともに、立派なお墓が建立された。芦原先生は、今もそこに眠っている。

大山倍達と芦原英幸

芦原先生の病状が悪化の一途を辿っていたある日の昼下がり、芦原会館総本部事務局で、一本の電話が鳴った。

一九九四年四月二十六日という日にちもはっきりと覚えている。その日、空手界に激震が走った。

いつものように電話に出た私は、受話器の向こうの声を聞いて、嫌な予感がした。

電話口の声は、ひどく落ち込んでいた。

「小島です、小島一志です。大山総裁が今朝……お亡くなりになりました。肺癌だったそうです。芦原先生に、そうお伝えください」

大山倍達と芦原英幸。極真会館除名処分のことがあるので、二人の間には、余人が入り込むことができない難しい事情があったが、小島一志氏はその双方と交流がある稀有《けう》な作家だった。

絶縁関係にあるとは言え、大山総裁は芦原先生の師匠にあたる。誰かが知らせないといけない。

だから、小島氏はわざわざ連絡をくれたのだ。

その声からわかるように、小島氏も大山総裁の死にショックを受け、落ち込んでいた。

「有難うございます……必ずお伝えします……」

私はそう答えることしかできなかった。

すぐに三階に駆け上がり、自室の椅子に腰かける芦原先生に、大山先生の訃報を伝えた。

全く予期していなかった報告だったのだろう。おそらく極真の中でも、大山総裁の具合が悪かったというのはごく一部の人間しか知らなかったのだと思う。もちろん芦原先生も知る由もなかった。

芦原先生は、目をキョトンと見開いて私を見つめた後、しばし沈黙した。

そして、ハッと正気に戻ったように、急いで文字盤で綴った。

「すぐにはしねない　おれが　おおやませんせいの　あとをおって　しんだといわれるのがいやだから」（すぐには死ねない。俺が大山先生の後を追って死んだと言われるのが嫌だから）

芦原先生らしい、冗談めかした言葉と表情。映像として切り取れば明るくも感じられるあの瞬間に流れた悲しみの空気を、私は忘れることができない。「大山先生が亡くなった」と告げたときのしばしの沈黙に、芦原先生の感情が凝縮されていたように思う。

この頃には文字盤の使用にも慣れてきていた芦原先生は、自分の代理で焼香に向かうよう東京の職員にてきぱきと指示を出した。もちろん、それを受けて関係各位に連絡をするのは私である。

「すぐにはしねない」と文字盤で記したあの言葉は、本音だったのか冗談だったのか。今となっては、それを確かめる術はない。だが、そんな芦原先生の言葉とは裏腹に、それから約一年の月日が流れた四月二十四日、およそ三年間の闘病生活の果てに芦原先生も天国に旅立った。二日後の四月二十六日のほぼ同時刻に、芦原先生の本葬儀と、極真会館・大山総裁の一周忌が始まった。松山と東京で場所こそ違うが、同じ日の同じ時刻。人間の作為が及ぶはずもない領域での偶然の一致。師弟ともに傑物だった二人であるがゆえの因縁なのだろうか。私は、何か運命的なものを感じずにはいられなかった。

余談だが、当時発売された格闘技雑誌には、

――『空手バカ一代』時代の終焉。師である大山先生の後を追っていった。

と記された。芦原先生は天国で「後を追ってなんかないわい」と怒っていらっしゃるかもしれないが、天の巡り合わせとも言うべき本当の師弟関係だったと私は思う。

芦原先生自身の病気が判明してからのことなのだが、寒風吹きすさぶ時期、稽古後の熱気が立ち込める道場に先生がふらりと入ってきたことがあった。

道場には大きな窓があるのだが、その日、窓は曇っていた。何とはなしに外の景色を眺める芦原先生の表情は、今思い返せば寂しげなものだった。そして、

「原田。大山先生が、俺へのご祝儀袋をごっそり持って帰るような人じゃなかったら、俺は土下座してでも極真会に戻してもらうわい」

と懐かしむように、サンドバッグに向かい軽く突きを入れながらつぶやいた。大山先生のことは私からは切り出しにくい話題だったので突然のつぶやきに驚いたが、あれは芦原先生の本音だったと思う。

芦原先生はそれ以上は何も言わなかった。そして、おもむろに手慣れた手つきで窓ガラスに何かを書いた。

――極真會

極真会館の道着の刺繡と全く同じ書体だった。直後、先生は「見られたらまずい」と言わんばかりの勢いでその文字を手で掻《か》き消してから、

「原田、雑巾でもう一度きれいにふきとっておいてくれ。後で、文字だけが浮かび上がってくるといけないから」

と言い残し、寂しげな背中を見せながら三階の自室へと戻っていった。

「土下座してでも極真会に戻してもらうわい」

その言葉は衝撃的で、私の中にいつまでも残った。やはり、芦原先生にとっても極真時代は特別なものだったのだろう。青春時代を回顧する発言と言えばそれまでかもしれないが、前だけを見て進み続けた芦原先生から出た言葉だけに、私には特別な響きがあった。

ちょうどその時期、警棒事業の関係で東京への出張があった。

同行の営業社員から後に聞いたのだが、タクシーに乗り込んだ芦原先生は、仕事の合間を縫って、自分にとって思い出深い場所も巡ったのだという。最初に就職した板橋のガソリンスタンドを皮切りに、かつて大山道場があった板橋、そして池袋の極真本部道場の近辺。そういった場所をグルグルと周り、自分の人生の足跡を懐かしんでいたようである。

夜は、大好物だった豚足を持ち帰り、宿泊先のホテルで美味しそうに頬張っていたらしい。ＡＬＳを発症して以降、どこか塞ぎ込んだ表情をすることが多くなっていた芦原先生だけに、そのような時間を持てたことを私も嬉しく思う。

今にして振り返ると、病気を発症して以降の芦原先生はご自身の過去を語ることが増えたような気がする。

ある日、芦原先生が会館事務室に入ってくるなり、

「原田、お前たち、職員の修行が厳しいとか、待遇が悪いとか思ったら大きな勘違いだよ」

とまくしたてたことがある。

「ここを出ていく日が来て、いつか外の世界を見たときに初めてわかることもあるわい。『あー、芦原先生は俺たちに本当に良くしてくださったんだな』と。外食に行っても、常に同じ物を食べさせてくれるなんて、大山先生だったらあり得ないからな。大山先生が外食するときはな、俺たち弟子は店の外の入口で直立不動だよ。食事が終わるまでずっと待ってなきゃいけなかった。空腹だったし、美味しそうな匂いが辛かったよ。お前らに、あの辛い思いだけはさせたくない。それくらい、大山先生の側で仕える日々はキツいことが多かったんだよ、ありとあらゆる面でな」

私に語りながら、いつしか独白のような口調になっていく芦原先生。

「でもな、お前たちに対する俺の優しさは、本当の意味での教えや育てにはならないとも思ってるんだけどな」

気づけば、最初は怒っているような口ぶりだった芦原先生の表情が、寂しそうなものに変わっていた。

「俺は不思議でな……。今まで大事に育てて、自分と同じ物も食べさせて、背広も作ってやった職員はみんな俺の元を去っていくだろ？　俺から離れていっちゃうだろ？　何でなんだろうと不思議に思うときがあるよ。思いやりなんていらないのかなって。大山先生みたいに徹底的に厳しくして、放っといたほうが人は育つのかな？　そっちのほうが本当の指導になるのかな？　原田、人様を指導するっていうのは本当に難しいんだよ。これが正しいっていう答えがなかなかないわい」

　そして話はいつしか大山先生の元で修行していた頃に遡《さかのぼ》るのである。

「大山先生の、あの厳しさや理不尽さに対しては、怒りが込み上げて仕方なくなることもたくさんあったなあ。『芦原～!!　先月分の支部長費もらってないよ、君～！』って電話がかかってくるんだよ。俺はちゃんと送ってるんだよ。でもな、『いや、送ったじゃないですか！』とは言えんかったわい。『押忍』としか言えなかった。こっちも道場建てたばっかりの頃じゃったけん、お金が全然なくて苦しかったけどな」

　極真時代の思い出を語る芦原先生の表情は柔らかかった。語る内容はハードだけど、どこか楽しそうですらあった。

「意地でも弱音は吐かないと心に決めて、求められた額の倍のお金を送ったよ。嫁さんや子どもがいなかったら、怒りを爆発させてしまったかもしれん。池袋の道場に行って、散弾銃をぶっ放してやろうと思ったことも正直あったわい。でもな、そのたびに思いとどまるんだよ。『大山先生に出会ってなかったら……』って思うと、怒りが鎮まるって言うのかな。先生の指導を受けてなかったら、俺は今頃『芦原組』みたいな看板掲げて、暴力の世界で切った張ったをやってたかもしれん。実際、道場落成式のとき、ある組長から『芦原も、大山の下で大変だろう？　よかったらうちに来ないか？』って誘いを受けたこともあったけどさ、『いや、私の師匠は一人だけですから』ってきっぱり断ったんだよ」

大山先生の弟子だった頃の芦原先生の日々。そして、大山先生への愛憎渦巻く思い。そういったことを直接芦原先生から聞けるのは、一番近くで仕えた職員の役得だったのかもしれない。貴重なお話を聞かせていただいたことへの感謝の思いが今改めて去来する。

思えば、芦原先生の行動力のダイナモ（発電機）は、誰よりも愛していた大山倍達と極真会館に裏切られたという思いから生じる強烈な反骨心だったように思う。

徹底して仕えてきた師匠・大山倍達に対する愛情と感謝、憎しみ、敵対心……。そこに、極真会館から永久除名処分されたことへの怒りが加わり、芦原先生ご自身でさえコントロールすることができないほど尋常ではない熱量の感情になっていた。

そもそも、芦原先生はなぜそこまで大山先生に執着したのだろうか。もちろん、大山先生とともに積み重ねた日々の質と量によるとは思うのだが、私はそれだけではないと思っている。芦原先生の生い立ちが関係しているように思えてならないのだ。私の推測に過ぎないので異論や反論はあるだろうが、書いてみようと思う。

前述したように、芦原先生は両親から半ば捨てられた形で、おじいさんに育ててもらったのだと言う。原爆被害に苦しめられた広島の地からの集団疎開、そして中学卒業と同時に東京への集団就職――。

子どもにとって安心の象徴である両親から捨てられたというコンプレックス。そして、意に沿わぬ形で出ていかなければならなくなった故郷への郷愁。

集団就職のために東京に向かう列車の中で、哀しくて寂しくて大泣きしたと芦原先生はおっしゃっていた。

「人前であれほど泣いたことはなかったなあ」

と懐かしむようにおっしゃっていたことはすでに書いた通りだが、東京での日々をスタートさせた芦原先生は、荒れに荒れたのだという。

そういう日々の中で芦原先生が出会ったのが大山倍達であり、極真空手だった。芦原先生にとって大山倍達は父親、極真空手は家族にも等しい存在だったのではないだろうか。だから、極真時代にはただならぬ郷愁を感じるのではないだろうか。私には、どうしてもそう思えてならない。

だが、若き芦原英幸の荒ぶる魂は、そう簡単には鎮まらない。芦原先生の異名「ケンカ十段」に繋がる、壮絶な喧嘩三昧の日々が始まったのである。

人並み外れたエネルギーが生み出す行動力が災いしたのか、大山先生に命じられて半ば島流しのような形で愛媛県野村町へと都落ち。だが、芦原先生は腐ることなく極真空手の普及のために全エネルギーを費やした。

それなのに——。

極真会館から突然の永久除名処分。

その瞬間、芦原先生は大山倍達および極真会館と完全に敵対した。孤独の中で闘わなければならなくなったのである。

反抗心ゆえだろうか、芦原先生は、常に大山先生を反面教師にしているようなところがあった。

当時、極真会館はパワー空手を標榜していた。直線的にぶつかり、力で押しきっていく空手である。対して、芦原先生が体系化した技術「サバキ」は、円運動による滑らかな動きを基本とし、カウンターで相手を倒すというものだった。言うなれば、パワー空手と対極にある空手である。

「サバキ」を身につければ、必ずしも筋力は必要ではない。芦原先生は〝誰にでもできる空手〟というキャッチフレーズを考案し、極真会館と対照的なアプローチで会員を獲得すべく活動していた。

芦原先生が最初からそれを意識していたかは定かではないが、大山先生に対抗心を燃やして衝突していくことは、結果として自己鍛錬に繋がったのだろう。組織のトップとしての重責を背負う中で、極真空手に在籍していたときには考えたこともなかった野心が芽生えたのだと言う。

——日本文化である空手道を守り、発展させていく。

戦争の痛手から復興していく日本において、実戦空手は急速に広まっていった。それを一過性のブームで終わらせてはいけない。芦原先生は空手道のさらなる発展を目指した。

大山総裁率いる極真会館に異常なほどの対抗心を燃やし続ける悪鬼のような芦原先生と、空手道を日本の伝統文化として誰もが認めるものにしたいと願う求道者のような芦原先生。

どちらか一つが芦原英幸の真の姿なのではない。そのどちらも併せ持っていたのが芦原英幸の真の姿なのである。だからこそ、あれほどの功績を残せたのだ。

芦原先生は、大山先生の元での修行時代を反面教師にして弟子に接した。

——俺の修行時代に比べたら、全然マシじゃないか。

芦原先生には、そういう思いがあったはずだ。しかし、直弟子はことごとく離れていった。だから弟子が独立することに対してあれほど厳しかったのかと、今になって思う。

職員として初めての独立を果たした石井和義氏に対しては、終生憎しみの炎を燃やした。誰よりも大事に育てた二宮城光氏の独立の際には、哀愁と失望が溢れていた。

大山先生の元で修行していたときに「こうしてほしい」と願ってきたことを全て実行し、思いやりを持って弟子に接してきたのに、何故、みんな離れていくのだろう？

きっと、芦原先生はそう思っていたのだろう。「指導とは何か？」と悩んでいたかもしれない。自分のやり方が間違っているのかと思っていたかもしれない。「大山先生のように徹底的に厳しくして、放っといたほうが人は育つのかな？」という言葉は、悩んでいるがゆえに出てきた言葉なのだと思う。

そんな芦原先生も大山先生も、夢半ばでその生涯を終えた。極真会館と芦原会館は後継者に夢を託したが、残念ながら両者の切磋琢磨は迫力をなくし、それぞれが違う方向へ進んでいった。

大山総裁亡き後の極真会館は、二代目継承で揉めて大分裂を起こした。

芦原先生亡き後の芦原会館は、私を含めた多少の離合集散があるにはあったが、二代目館長芦原英典氏の元で一応のまとまりを見せた。

大分裂を起こした後の極真会館は、大きく二つに分かれていった。

一つは、松井章圭館長率いる極真会館。名称からも明らかなように、大山先生が創設した極真会館の系譜を継ぐ団体である。空手が東京オリンピックで正式種目になることが決定したことを受けて、二〇一五年、極真会館は寸止め空手との融合を目指して全空連との協調路線を取り、物議をかもした。

そしてもう一つが、松井館長率いる団体の在り方に否を唱えて分派した新極真会（緑健児代表）である。こちらは、フルコンタクト空手としての武道性を生かしたまま大同団結を図っていく方針で勢力を拡大した。

二代目芦原会館は、新極真会の考え方に賛同し、同団体の流れに沿った動きを取っている。

ただ、この「極真系」とは別のところで大きなムーブメントを作った男がいる。石井和義氏である。彼が立ち上げた格闘技イベント「K－1」は、「打撃系立ち技格闘技の世界一を決める」と銘打って、社会現象とも言えるほどの盛り上がりを見せた。

また、芦原先生が編み出した技術体系「サバキ」は、愛弟子であった二宮城光館長が受け継いでいる。二宮氏が立ち上げた円心会館は「捌一筋」との信念の元、世界的な組織として発展の道を歩んでいる。

いずれも、芦原先生が存命の折には予想さえしていなかった未来である。何が起こるかは本当にわからないものだとの思いが強い。これからも、全く予想のつかない未来予想図が描かれ、やがてそれが空手道の歴史となっていくのだろう。

第二部

芦原英幸の死

プルルルル。プルルルル。

隣の部屋で携帯電話の着信音が聞こえてきた。

一九九五年四月二十四日の深夜零時も過ぎた真夜中のことである。その着信音が聞こえた瞬間、わけもなく嫌な予感がした。

その日は、大分から松山に戻ってきた日だった。英典君とともに大分県審査会の代行を務め、芦原先生に無事終了の報告を終えたその日、本来であれば私の胸には大役を果たせたことからくる安堵の気持ちが広がっているはずだった。実際、審査会の様子を報告した際に芦原先生からは、

「おつかれさまありがとう」

との言葉を文字盤に書いていただき、満たされた思いだった。穏やかな先生の姿にもホッと

しながら自宅に戻ったことを覚えている。

夜が更け、床についたのだが、なぜか妙に目が冴《さ》えてしまい寝つけずにいた。何度も寝返りを繰り返していた中、携帯電話の着信音が鳴ったのだ。

暗闇の中、慌てて携帯を取ると英典君だった。

その声が、切迫した状況であることを如実に物語っていた。

「原田さん、館長が……！　館長が、呼吸できなくなり、今、救急車で運ばれていきました……！」

受話器の向こうの英典君は混乱状態だった。まくしたてるように早口で喋《しゃべ》る英典君に対して私は、

「わかった。英典君、何があってもとにかく冷静に対応しよう」

と言ったのだが、それは自分自身に対して発した言葉でもあったように思う。いつかこういう日が来るとは思いつつも、それがまさかその日だとは思っていなかった私は、英典君への物言いとは裏腹にかなり動揺していた。そんな自分を落ち着かせるために、あえて冷静に、ゆっくりと、諭すように英典君に語りかけたのである。

そして、受話器を置くや否や、着のみ着のまま車に飛び乗った。

急発進した車の中から、八幡浜の中元憲義師範に電話をし、状況を伝える。一刻を争う事態

に気持ちが焦る。その日を振り返ると、思い出すのは救急車のサイレンだ。

ピーポー、ピーポー。

都会と違い、松山の夜は静かである。そんな松山の闇夜に広がる救急車のサイレン。町中に響き渡ったその音が、今も耳に残っている。

私は、芦原先生が搬送された松山市郊外にある病院へと猛スピードで車を走らせた。

「頼む。頼む。頼む。芦原先生……！」

とつぶやきながら……。


病院に到着したとき、エンジンがかかったままの無人の救急車が目についた。

芦原先生を運んだ救急車なのだろうか……？

芦原先生の容態は一体……？

猛ダッシュで病院に入り、階段を駆け上がる。病室の前まで辿り着いたが、「身内の方以外の入室はご遠慮ください」と言われ、入室を制された。

特別に入室許可をいただき、即座にベッドに目を向ける。

呼吸器を取りつけられ、心臓マッサージを受けている芦原先生の姿があった。その光景が現実のものとは思えなかった私は、

——どんな方法でもいい。命だけは助けてください……！

と祈り続けた記憶がある。

だが……。

その祈りも虚しく、医師から芦原先生の臨終が告げられた。病院に着いて三十分ほどだった。信じられなかった。いや、信じたくなかった。あまりにも突然の出来事に体が拒絶反応を起こしたのか、激しい耳鳴りに襲われた。

医師や看護師が心臓マッサージをやめている。

——心臓マッサージを続けなきゃ……！

私はそう思い立ち、ベッドに近づいた。芦原先生が生き返るなら一日中でも心臓マッサージを続けるつもりだった。でも、静かに周囲に止められてしまう。

言葉を発することができなかった。心臓マッサージをするために無言でベッドに近づき、周囲に止められ無言で引き下がる。はっきりとした記憶がないのだが、私は何回かそれを繰り返していたらしい。まるで夢遊病者のような状態だが、「芦原英幸の死」はやはり冷静に受け止めきれるものではなかった。

そんな混乱した意識の中で、芦原先生との日々が走馬灯のように脳内に流れていった。

出会いのとき、手招きして呼んでくれた先生。

最後まで逃げずにお供したいと言ったときの、びっくりした顔の先生。

烈火のごとく怒る先生。

鬼神のごとく仕事に打ち込む先生。

懐かしそうに昔話をする先生。

病気を知ったときの先生。

人目もはばからず大泣きしたときの先生。

文字盤を使って必死に何かを伝えようとする先生。

お墓の場所を指差したときの先生。

でも、一番先生らしく感じるのは、明るく、大きな声で笑って、空手界の未来を興奮気味に語るときの先生の顔だった。

無敵の芦原英幸が、病に倒れるなんて……。夢半ばで天国へ旅立つだなんて……。

芦原先生がＡＬＳを発症して以降、覚悟したつもりでいたのだが、いざその事態に直面すると衝撃は想像以上だった。

悲しみが広がる病室で、私は芦原先生がおっしゃってくれた最後の言葉を思い出していた。

もちろん、実際に口に出しておっしゃったわけではない。文字盤を介してのやり取りである。

ある日、芦原先生が懸命に文字盤を使って残してくれた言葉があるのだ。

ざんねん　だけど　びょうきには　かてなかった
しごとをしすぎたよ　はらだ
しぜんの　せつりには　あまりにもむりょくだった
けども　どんなことがあっても　まえをむいて
いきていくように　むすこにも　そういってくれ

（残念だけど病気には勝てなかった。仕事をし過ぎたよ、原田。自然の摂理には余りにも無力だった。けども、どんなことがあっても前を向いて生きていくように。息子にもそう言ってくれ）

そして先生は、最後にこう書いたのだ。

あとをたのむ
（後を頼む）

その言葉を思い出し、私は我に返った。

――いかん。いつまで悲しんどっても、芦原先生も喜ばん。ちゃんと立派な葬儀をせんと……！

芦原英幸の死という現実に茫然自失状態に陥ったが、我を取り戻すきっかけもまた芦原英幸の言葉だったのだ。

――私は骨の髄まで芦原英幸の弟子なんだな。

悲しみの中、そんなことを思った。

――恩師の死に対して、弟子にはやるべきことがある。全身全霊の力を込めてそれをやりきらなくては……！

そう決意することで、先生の死による喪失感を埋めようとした。

私は英典君とともに一旦会館に戻った。芦原先生に着ていただく道着を準備するためである。

先ほどまで、芦原先生がいた自室に入る。静まり返るその部屋の片隅にあるタンスの中から英典君が道着を取り出した。

タンスの中には黒帯が二本あった。英典君は、その内の一本を私への形見分けとして手渡してくれた。

病院に戻り、芦原先生に道着を着ていただく。

支度を終え、芦原先生と一緒に道場へと戻る。

形見としてもらった黒帯とＴ型特殊警棒

病院に駆けつけたのは深夜だったが、気づけば朝になっていた。早朝にもかかわらず、連絡を受けた一般会員、愛媛大学空手道部、松山大学空手道部のメンバー二十人くらいが、道場前に集まっていた。

その全員が、「押忍」の姿勢で一列に整列し、芦原先生を出迎えた。

整列したメンバーたちの目には涙が溢れていた。朝日に照らされた彼らの姿は壮観だった。

こうして、〝ケンカ十段〟芦原英幸は別れと旅立ちの日を迎えたのである。

葬儀委員長を拝命する

悲しみに暮れる中、奥様をはじめとするご遺族と中元憲義師範、三美誠氏、私とで葬儀の打ち合わせに入った（三美誠氏は、芦原先生が設立した特殊警棒の販売会社「Ａ－ＴＥＣ」の元社員で、芦原先生とともに商品開発などに従事し、特殊警棒の販路拡大に努めた人物である）。

まずは、葬儀委員長を誰にするかを決定しなければならなかった。

当然、最初に声がかかったのは中元憲義師範だった。

しかしながら、中元師範がいるのは八幡浜で、葬儀を行う松山からは少し距離が離れている。そのことに加えて、「もっと身近で仕えた人物のほうが葬儀委員長にふさわしいのではないか」という中元師範のお考えもあり、丁重に断りが入った。

次に、奥様からの指名が入ったのが三美誠氏。

しかし、「私が葬儀委員長をやれば、空手関係の方たちが納得しないでしょう」と三美氏がおっしゃり、こちらも丁重に断りが入った。

そして三美氏より、

「やはり、原田さんが適任だと思います」

との話が出た。私などに芦原先生の葬儀委員長が務まるはずもないと思ったが、驚くことに中元師範からも同意があり、奥様も「じゃ、原田さん、やってもらえますか？」と言ってくださった。

弱冠二十六歳の小僧っ子の私が、伝説の空手家・芦原英幸の葬儀委員長を拝命する――。

今考えてみても、それはかなり無謀なことだった。

芦原英幸の葬儀ともなれば、ご家族はもちろんだが、芦原会館も前面に出なくてはいけない。葬儀委員長を引き受けるということは、先輩方を差し置いて、私が芦原会館の看板を背負うことを意味するのだ。全ての責任が葬儀委員長にある以上、どうしてもそうなってしまう。

それだけでもかなりのプレッシャーだったが、芦原先生の葬儀を執り行うに際しては大きな難問があった。生前に芦原先生が遺された遺言を実行しなければならなかったのだ。

「原田、もし俺がいなくなったら、俺を裏切って辞めていった連中は葬儀場には入れないでほしい。他流派の人も含めてな。苦しくても最後まで残って支えてくれた、今の芦原会館のメンバーだけで見送ってもらいたいんだよ」

この遺言自体は、実に芦原先生らしいものだと思う。

芦原先生は極真会館を永久除名処分になった後、一人で正々堂々と闘って生きてこられた。どんな不遇にも耐え、事実無根の中傷や糾弾を受けても一切言い訳せず、持ち前の独創性と尋常ではないエネルギーで自らの道を切り開いてきた。

他流派との接触も一切拒み、一本独鈷の立場を貫いてきた。

そんな芦原先生を知っている私にとって、「今の芦原会館のメンバーだけで見送ってもらいたい」という遺言の意味は重い。他人が聞けば「過剰」とも取れる内容かもしれないが、そこには芦原英幸の人生が凝縮されたメッセージが込められているように感じた。拒絶の意思表示こそ、芦原先生のプライドなのだ。

しかし、それを実行するとなると、私自身がかなり厳しい批判や誤解を受けるであろうことも容易に想像できた。ただでさえ、二代目継承問題で暗躍したと思われている時期だったので、なおさら風当たりは強いだろう。

弔問に訪れる空手関係者の数が多いことは容易に想像がつく。過去のいきさつや、辞めていった経緯がわからない方もたくさんいる。私は、葬儀委員長としてそういった方たちの入場をお断りしなくてはいけないのだ。相手からすれば、一方的な拒絶以外の何物でもない。

私にそんなことを言う資格はないが、入場を拒否された方の心情を思うと、あまりにもきつ過ぎる。そして、その方たちのほとんどが私にとって目上の方なのだ。非礼を通り越した行為と受け止められても仕方がない。その後のフォローがなければ、相手の名誉をも汚すことに繋がってしまう……。

――果たして、自分にそんなことができるのだろうか？　芦原先生の遺言とは言え、それが本当に正しいことなんだろうか？

何度も自問自答したが、答えは出なかった。

不安しかなかった。

私の結婚式のときのように事前に入念な打ち合わせをすることもできないし、葬儀に何人の人が来るのかもわからない。だから、一体何人を門前払いしなくてはいけないのか見当もつかない。

弔問に来る方の中には私が存じ上げない方もいるだろう。芦原先生との関係性がはっきりとわからない方たちはどうすればいいのだろう。参列が許される人と許されない人の線引きはどこにあるのだろう。

葬儀に参列すべき人まで入場拒否してしまったら？

誤解が生じて怒らせてしまったら？

その誤解がこじれて団体同士のトラブルに発展してしまったら？

葬儀までの時間も少なく、正確な判断を下すことはできなかった。だが、芦原先生の遺言に沿った形で葬儀を執り行わなければいけない。そこにグレーゾーンは存在しない。白か黒しかないのだ。

――松山には空手の修行のために来たのに、なぜこんな厄介なことばっかり降りかかってくるんだろう？　北九州に一年で帰るのを考え直した瞬間から、俺はこの役目を果たす運命にあったんだろうか？

　そんなことを思いながら空を見て、天を少し憎んだ。

　私が恨みを買ってしまう可能性も十分にある。誰も葬儀委員長を受けたがらないはずだ。つつがなく責務を果たすことが難しい葬儀だった。

　頭を抱える私を見かねたのか、東京本部の西山亨先輩が助言をくださった。

「せっかく芦原先生のために弔問に来てくださるんだから、あらゆるしがらみをなくして全ての人を入場させたほうがいいんじゃないか」

　西山先輩の意見は、真っ当な意見であったと思う。私は最終確認のため、奥様にご意向を伺った。

「原田さん、先生が遺した言葉通りに葬儀を実行してください」

　私は腹を括《くく》った。括らないといけなかった。芦原先生の遺言通りに葬儀を挙行する。芦原先生の元から去っていった人間は、たとえそれが誰であれ門前払いする――。

そして、全国から続々と弔問客が訪れ、その参列者が長蛇の列をなす中で、芦原先生の葬儀は挙行されたのである。

想いが詰まった供花　二宮城光

まず真っ先に、通夜の当日に葬儀参列の許可願いの電話をいただいたのが、二宮城光氏だった。

前述したように、芦原先生が最も大事にしていた愛弟子である。二宮氏は芦原先生の元を離れた後、「円心会館」という団体を設立し、館長として日本のみならず世界で活躍していた。その円心会館の日野四国支部長より、アメリカにいる二宮氏の代理として丁寧なご連絡をいただいたのだ。

「私、二宮城光の代理人の日野と申します。このたびは、二宮一同、私共も悲しみに暮れ、心からのご冥福をお祈り致しております。立場上、困難なことは察しておりますが、もし、葬儀への参列を許されるのならば、すぐにアメリカから帰国して参列させていただきたいと二宮が申しておるのですが、いかがでしょうか？　お許しいただけますでしょうか？」

私は受話器をきつく握りしめた。腹を括ったつもりではあったが、芦原先生の意志を伝えなければいけないということがこんなにも苦しいとは……。

しばらくの沈黙の後、喉の奥から声を絞り出すようにして、遺言の説明をした。

「本当に、申し訳ありません。お気持ちは重々わかります……。しかし、芦原先生ご自身の生前の強い願いと、ご遺族のご意向でして……。大変申し訳ありませんが、参列をお断りさせていただく形となりますことをご理解ください……。これは、二宮師範だけではないのです。辞めて独立していった直弟子の方々の焼香はお断りしてくれとの遺言でしたので……ご理解ください。本当に……申し訳ありません」

そう返答せざるを得なかった。二宮氏は、芦原先生が一番可愛がっていた愛弟子だったのに……。本来であれば、私ごときがその間に入っていいような関係の二人ではないのに……。

「そうですか……。本当に、残念ですが……。そのように、二宮に伝えます。押忍」

無念そうに電話を切った日野支部長の声を聞いて、私はいたたまれない気持ちになった。こんなに悲しいことを、あと何回やらなければいけないのか……。

二宮氏も、すぐにでもアメリカから帰国し、芦原先生の側でお見送りしたかったに違いない。日野支部長からいただいた丁寧なご連絡からは、二宮氏の悲しみと誠実さが痛いほど伝わってきた。

これは私の未熟さを明かすエピソードでもあるのだが、芦原先生がどれほど二宮氏のことを大切に思ってきたかがわかるものなので、書こうと思う。

二宮氏は、芦原会館を退会なさった後に「月刊・空手道」という雑誌にある広告を打った。二宮氏が創設した円心会館の会員獲得が狙いだと思うのだが、技術ビデオや教本を宣伝する内容だった。それ自体は何の問題もない。私がどうこう言う筋のことでもない。だが、そこに堂々と「サバキ」の名称を用いていたのだ。

私はそのことに憤った。「サバキ」は芦原先生が体系化した空手の技術である。勝手に使うことは許されないと思った私は、そのことを芦原先生に報告した。若さゆえとは言え、今思い出しても赤面ものである。ところが、芦原先生の対応は私が期待したものではなかった。

「原田、そんなに怒るなよ。別にいいじゃないか、二宮は二宮で頑張ってるんだから。こっちがどうこう言う問題じゃないよ。芦原は、芦原の道を行く！　今は、そのことに忙しいんじゃけん。ほっとけ」

そう諭されたのだ。さらに、納得しきれていない私を見かねたのか、その晩、食事に誘ってくれた。松山市内にある寿司屋のカウンターでビールを飲みながら、

「芦原会館も、よくここまで来たよ。お前がどう思っているかわかんないけど、金看板に成長したと思ってるんだよ。でも俺は、芦原会館は業界の二番手とか三番手の位置でいいとも思ってる」

とおっしゃった芦原先生は、続けて、

「でな、さっきお前が言ってた二宮の話だけどな。辞めていった人間を……」

と言った直後、カウンターの灰皿を手に取るなり「バーン!!」と叩いた。驚いて固まった私を見てニヤリと笑いながら、芦原先生はこうおっしゃったのだ。

「許してやるのも、自分の器を広げることに繋がるのよ。なっ？　わかるか、原田？」

自らの元を去っていった直弟子のことで芦原先生がこんなことを言うのを聞いたのは、後にも先にも二宮氏に対してだけである。芦原先生にとって二宮氏がどれだけ大事な存在だったかが伝わってきて、私は妙に感動した。

芦原先生が亡くなった報《しら》せは全国を駆け巡り、続々と供花が届いた。そしてその中には二宮氏からのものもあった。目立たぬようにとの配慮からであろう、その供花は小さなものだった。その気遣いに二宮氏の器の大きさを感じた。

控えめな、本当に小さな供花。だからこそ強く感じる、お別れと感謝の思い。

静かなる闘志を内に秘め、どんな試練にも敢然と立ち向かった二宮氏の思いが、その供花には詰まっているように思えてならなかった。

参列をお断りしたものの、このままで終わらせることはできないと思い詰めた私は、

――二宮師範の思いを、何とかして芦原先生に届けることはできないだろうか。

と、脳みそを絞って考えに考えた。

そして私なりに考え抜いた末、本葬の際に二宮氏の供花を棺の裏側に供えさせていただくことにした。誰からも見えない位置に、誰にも気づかれないように。棺の裏とは言え、「二宮城光」と名札に小さく書かれたその供花を芦原先生のお顔の側に供えることが、私のできる精一杯のことだった。

葬儀の後、雑誌などで二宮氏への批判記事が出ていたと人伝《ひとづ》てに聞いた。

「師匠が亡くなっても葬儀に一切姿を見せない」だとか、「供花も送らない非情な人間である」だとか、そんな記事だったらしい。

だが、事実はここに書き記した通りだ。一番最初に連絡をくださったのは二宮氏であり、その連絡はとても真摯なものだった。供花もきちんといただいた。しかも、ご自身の立場を理解した上で控えめな供花を送ってくださるというご配慮までいただいた。

そんな二宮氏から私が感じるのは、人としての誠実さと大きさである。

貫禄の立ち居振る舞い　石井和義

一九九五年四月二十五日。

芦原先生の通夜の受付が、いよいよ始まった。

会館前は、参列者で長蛇の列をなしていた。葬儀委員長としての責任を果たすことができるのか。芦原先生が望んだ形で葬儀を執り行うことができるのか。人でごった返す葬儀会場の受付で、私はそんなことを考えていた。

だが、あれこれ思い悩む余裕もないほどの渦に私は呑み込まれていく。

大阪から駆けつけて参列してくださった会員の方が、受付を終えて会場の中に入っていく際に私の耳元で囁いた。

「大阪から来る飛行機の便に、石井館長が乗ってはりましたわ。おそらく、もう少ししたら、こっちに来るんちゃいますか」

その直後、葬儀会場入口の警備を担当していた者が、血相を変えて走ってきた。

「石井……石井館長が来られました！　どうしましょうか？」

石井館長とは、格闘技の一大イベント「K－1」を立ち上げたことで知られる正道会館館長の石井和義氏のことである。芦原先生は自らの元を去った愛弟子を終生許すことがなかったが、その中でも最大級の憎しみを込めて誹謗中傷したのが、この石井館長だった。

芦原先生は幾度となく石井館長の話をした。そのほとんどは批判であり、非難であった。聞いた誰もが石井館長のことを悪く思わざるを得ないような内容だった。芦原先生と石井館長の過去を知っている者は当時の会館の中にはいなかった。だから、先生から聞く話をみんな真に受けてしまったのだ。私もその例に漏れず、石井館長に対しては良い印象を持っていなかった。

だが、偏見を捨てて石井館長の足跡を辿ると、偉業の連続であることがよくわかり畏敬の念を抱く。石井館長も芦原先生と同様に、誰にもできないことを次々とやってのけた傑物なのだ。

愛媛県宇和島市出身の石井館長は、芦原英幸に仕えた最初の職員であり、極真会館芦原道場の関西地区進出に際しては、その先兵として活躍した。

持ち前の才覚で次々に支部を開設し、関西地区一円における芦原道場の発展に大きく貢献した。

後に芦原道場を退職。独立後、自流派・正道会館を設立した。必然的に、芦原会館とは対立関係となり、私たちは一切の交流を禁止されていた。

石井館長が芦原先生の元を去った時期は、芦原先生の全盛期とも言っていい頃だった。芦原英幸の存在自体がある意味でブームのような盛り上がりを見せていた中、そういった雰囲気におもねることなく石井館長は独立して大阪に自らの団体を立ち上げたのだ。そして大会の開催を軸にしながら、新日本学生空手道連盟を発足するなど独創的な展開を広げ、正道会館という組織を飛躍的に発展させていった。

その後、「Ｋ－１」を開催するようになり、芦原先生の葬儀が行われた時期は、飛ぶ鳥を落とす勢いの活躍を見せていた。まさに絶頂期でのご参列だったように思う。

石井館長が来場した報せを受けた私は、

「わかった。すぐに行く」

と答え、小走りで会館入口へと向かった。

すでに正面入口の警備を担当している者が、入場のお断りを告げている最中だった。

駆けつけた取材陣が周囲を取り囲み、カメラのフラッシュも焚かれていた。その中心には石井館長がいて、二宮博昭氏（※１）や福岡初彦氏（※後述）も一緒だった。「Ｋ－１」に出場するなどして知名度が高かった角田信朗氏もその場にいた。

石井館長まで、あとわずか二メートル。

「いよいよか……」と肚に力を入れたその瞬間、石井館長は男らしく一礼をして立ち去っていったのである。

後日、このときの様子についてあることないこと話が広まっていることを知った。石井館長が「この野郎、覚えてろ！　大阪湾に沈めるぞ！」などと悪態を吐いて帰っていったとか、門前払いに怒りがおさまらない石井館長が葬儀後にも脅しをかけてきたとか……。

なぜ、そんな嘘を広めるのだろう。

ここで断言するが、そんな事実は一切ない。

石井館長の対応は誠実そのものだった。その立ち居振る舞いは、貫禄と美しさを感じさせるほどのものだった。

立ち去っていく石井館長の後ろ姿を見送るしかなかった私だが、そのことが長く心残りだった。葬儀委員長として、私の口からきちんと事情のご説明をすべきだったのだ。石井館長の振る舞いに意表を突かれてしまい、思考停止状態に陥ってしまった。未熟な自分を恥じるばかりである。

しかし、葬儀から六年後の二〇〇一年。

紆余曲折があり、その頃は私自身も芦原会館を退職していたのだが、幸運なことに石井館長に直接お会いして、葬儀の際の非礼をお詫びする機会に恵まれた。

葬儀で門前払いをしてしまった方たちには直接お詫びして回ろうと自分で決めてはいたのだが、「Ｋ－１」はその頃ますますの盛り上がりを見せていて、多忙を極める石井館長に直接お会いできるとは思っていなかった。

だが、「Ｋ－１」が盛り上がっているからこそ大小様々な大会が全国で開催されており、ちょうどその頃、四国で初となる大会の開催が予定されていたのだ。「Ｋ－１ ＲＩＳＩＮＧ」と銘打たれたその大会の会場は、なんと松山市。石井館長も松山にいらっしゃるという。その時期に私が公私ともにお世話になっていた福岡初彦氏の計らいで、石井館長にお詫びする機会を得るという僥倖《ぎょうこう》に恵まれた。

場所は、松山市の焼き鳥屋「からす」だった。

「Ｋ－１ ＲＩＳＩＮＧ」の興行を無事に終え、少し遅れて到着した石井館長。

店に入るなり、少し疲れた様子で「今日は、ウーロン茶」と飲み物を注文する。

重苦しい雰囲気の中、福岡氏が「彼が、お話しした原田です」と切り出す。私は即座に、

「芦原先生の葬儀の際は、大変失礼しました」

と深く頭を下げた。石井館長はその声に反応し、

「あっ、あの門前払いの人」

と私を一瞥した。

「これだけは、勘違いしないでね。僕は、極真会館芦原道場の門下生であって、芦原会館の会員ではないから」

まるで居合のような電光石火の一撃。私はその迫力に気圧されてしまい、「押忍」と答えるのが精一杯だった。心の中では「非礼を詫びても許していただけないかもしれない」と思っていた。

だが、石井館長は私のそんな想像の範疇《はんちゅう》におさまるような方ではない。

福岡氏が、「芦原先生の遺言とご遺族の意向でしたようで。彼の立場もわかってやってください」とフォローをしてくださったのも大きかったと思うのだが、

「初ちゃん、わかってるよ。彼も芦原会館の番頭さんで大変だったんだろ。僕も昔、勤めてたんだからその大変さはわかってるよ。原田も本当にお疲れさんだったね。僕が葬儀委員長やったとしても同じことしてたよ。さっ、もうわかったから、ビール！」

威勢良くお酒を注文されると、

「原田、今日は飲もうよ」

と優しくおっしゃったのだ。

数時間後、焼き鳥屋を出ると、大阪からわざわざ手配しているハイヤーが停まっていた。一緒に乗り込み、向かった先は百五十メートル先にある「ゆめまぼろし」というカクテルで有名なお店だった。

お店に入ると、大王製紙の当時の社長・井川意高《もとたか》氏の姿もあった。

「よし、原田、今日はとことん飲もう！」

石井館長にそう言っていただき、宴が始まった。豪快だった。こんな飲み会は二度とできないかもしれないと思うほど、派手で豪勢な一夜だった。一体何本のドンペリが空いたことか。

その宴の中心にいるのは、もちろん石井館長。明るくて、豪快で、誰からも愛される石井館長は、気遣いの人でもあった。

「原田、本当にお疲れさんだったね」

折に触れて、私にそう労《ねぎら》いの言葉をかけてくださるのだ。石井館長のカリスマ性に酔いしれながら、その日は朝までご一緒させていただいた。

それ以降、松山に来た際にはお声がけいただくようになり、席をともにさせていただいた。

二度目にお会いしたのは、同年の暮れだった。株式会社ケイ・ワンの慰労・忘年会の社員旅行で松山に来た石井館長が、道後温泉の老舗ホテル「ふなや」での宴会に呼んでくださったのだ。

「本当に今年もありがとう、そしてお疲れさま。今日はゆっくりしてください。好きな物を頼んで、飲んで。そしてマッサージを受ける際は、ダブルで延長してゆっくりしてください」

石井館長は全社員に向けて労《いたわ》りの言葉をかけていた。

宴会の後、繁華街に出て一緒に飲みに行った際のことだった。酔っ払いがふらつきながら歩いていて、石井館長にぶつかりそうになった。咄嗟に私がガードしたのだが、石井館長は笑いながらこうおっしゃった。

「原田、余計なことしなくていいよ。俺は、原田より、ほんのちょっとだけ強いだけかもしれんけど、自分で対処できるから」

自分が一番強いとか、我の張った主張は一切なかった。「自分のほうがほんのちょっとだけ強い」と言ってはいたが、愛嬌《あいきょう》たっぷりの言い方だった。石井館長は、自分の強さを誇張する方ではない。むしろ、謙虚さを兼ね備え、一般社会人とのお付き合いに精通しているという印象を受けた。

そういえば、普段は石井館長の悪口しか言わない芦原先生だったが、一度だけ私の前で石井館長を褒めたことがある。

松本英樹師範代が運営する大阪地区の道場運営が思うようにいかなかったとき、独り言のように先生が言ったのだ。

「石井のほうが、もっと凄かったよ。石井のほうがもっと上だったよ。あいつはどんな状況でも結果をちゃんと出してきたよ」

道場経営・組織運営という点に関しては、直弟子の中でも石井館長はずば抜けていたと思う。そして、興行という点に関しては天才的だった。格闘技イベント「Ｋ－１」を立ち上げ、世界規模でのブームを巻き起こし、大成功を収めたのだから。

それもこれも、芦原先生が昔、宇和町の体育館などで開催していたキックボクシングの興行がヒントとなっているのだろう。

だからこそ、芦原先生は石井館長を憎んだ。基本的に、石井館長を褒めることはなかった。だが、芦原先生からの誹謗中傷こそ、直弟子にとっての「勲章」。その意味では、直弟子の中でも最高の「勲章」をもらったのが石井館長とも言えるのである。

その後、約十年の時を経て、久しぶりに石井館長にお会いしたのだが、その場所となったのも道後温泉の老舗ホテル「ふなや」だった。

脱税容疑で一年二ヶ月もの間、刑務所に入っていた石井館長。栄枯盛衰と言うべきか、その頃はもう「Ｋ－１」ブームも去っていて、ＴＶ放映もなくなり、自身の会社も整理なさっていた。私がお会いしたその時期は、館長がお母様のお葬式を無事に終えた直後で、かつてのように大勢と一緒に豪快に飲むのではなく、館長と私の二人きりでの一席だった。
　久しぶりにお会いした石井館長は、雰囲気がガラリと変わっていた。ともすれば成功者が身にまとってしまう傲慢さがなくなり、あらゆることに精通した人格者へと変貌したという印象を受けた。石井館長ほど、成功と失敗の振り幅が大きい人間はそれほどいない。誰もが経験できるわけではない栄光と挫折を味わい、人間力が磨かれたのだろう。静かな佇まいではあったが、その内側には熱いマグマがうごめいているように感じた。

「原田、お酒は体に悪いよ。お酒はやめなよ」

　六十歳を前に断酒をされたという石井館長の言葉に驚き、思わず笑ってしまった。あんなに豪快な飲み方をされていた石井館長が……。あれだけたくさんのドンペリを空けたのに……。
　しばらくはお互いの近況を話していたのだが、話題はやがて石井館長の過去のことへと移っていった。私の他には誰もいないという気安さもあったのか、館長は静かな口調で一気に語った。

「昔、就職のために意を決して大阪に行くことにしたんだけど、バイクで行ったんだよ。あのときは、大阪に行って空手を続けるかどうかもわからなかったな。途中、バイクが故障してこの松山で一泊してね。懐かしいなあ。あのときからずっと走り続けてきた気がする。僕は、今の原田と同じ年齢のときに『K－1』でドーム球場を満杯にしていた。人間、必死でやればできるものだよ。でも、夢の実現のためだから頑張れたけど、本当に色んなことを経験してきた。『Ｋ－１』が盛り上がっているときはそれなりにお金があったけど、最初からそうだったわけじゃない。お金には苦労したよ。何とかしてお金を工面しなきゃいけないから、いつも必死だった。いつだったか、テントの素材を使って安くて使い勝手の良いキックミットを作ったんだよ。格闘技雑誌に広告を載せたら、思った以上に売れ行きが良くてね。ドバッと現金書留が届いたときは、本当にびっくりしたし嬉しかったなあ」

石井館長の駆け出し時代の話を直接聞けるなんて、そうそうあることではない。私は背筋を正して話を聞き続けた。

「芦原道場の指導員時代は、安月給で貧乏苦労してね。本当にインスタントラーメンばかり食べてた。そんな状況の中、芦原先生が二カ月に一回くらいの割合で様子を見に大阪まで来てたんだよ。大阪で先生が常宿にしていたホテルに一緒に泊まるんだけどさ、夜中、寝た後に先生が僕のカバンとかをガサゴソとチェックしてるわけ。『やめてください』とも言えなくて寝たふりしてたけど、あれは哀《かな》しかったなあ。芦原道場のために働いてるのに疑われるのか……って思ってさ」

私もかつてスパイだと疑われたことがあると話すと、石井館長は笑いながら、

「芦原先生らしいね。疑い深いところがある人だったからね。さっきの話の続きだけど、僕の

カバンの中には『交渉力』って本が入ってたの。当時の僕は大阪地区での道場拡充が使命だったから、難しい交渉事が日常茶飯事だった。そういう本を読んで自分なりに交渉力を磨こうと思ってたんだよ。なのに、芦原先生から『あの本は何だ？　この芦原と交渉しようと思ってるのか？』なんて言われて絶句したよ」

とおっしゃっていた。そういう苦労をしたがゆえに石井館長は、極真会館芦原道場を退職するときに芦原先生と職員の給料について話したのだという。

「芦原先生に『職員の給料を上げてやってください』ってお願いしたんだ。職員にも生活があるし、あの給料じゃあやっていけないってことは僕自身が誰よりもわかってたからね。その後僕は大阪の西成で会議室を借りて正道会館をスタートさせたんだけど、芦原先生からの誹謗中傷が凄くてね」

正道会館の立ち上げに際して、芦原道場の職員たちを石井館長が引き抜いた——私は芦原先生からそう聞いていたが、事実は違うのだという。

「僕が芦原道場を辞めるときに、何人かも辞めようとしていたんだけど、給料のことも含めて僕が芦原先生と条件交渉して彼らを残したんだよ。結局、正道会館を立ち上げてから一年くらい経った頃に彼らはうちに来たんだけど、それは彼らの意思なんだよ。それなのに芦原先生には『石井が引き抜いた』って誤解されてね。でも、僕の人生は誤解されることの連続だった気もするんだよ。夢を実現するために、避けては通れない人との付き合いもあったし、酸《す》いも甘いも全部見てきた。原田、道を作るっていうのは本当に大変なことなんだよ。格闘技界も、今になって感じてるんじゃないかな？　メジャーにすることの大変さを。今じゃあ、格闘技番組もゴールデンタイムで放送されないでしょ？」

石井館長もご自身でおっしゃっていたが、芦原先生が一番激しく誹謗中傷したのが石井館長だった。だから、芦原先生に対してはある意味で憎しみの感情があるのかと思っていたのだが、決してそんな単純なものではなかった。

「芦原先生に何を言われたとしても、僕は僕なりに道を切り拓《ひら》いてきたよ。芦原先生は、対人関係に関して白か黒しかなかったでしょ？　グレーはなかったでしょ？　だから、必要以上に作り話をして、僕のことを悪く言わないといけなかったんだと思う。でも、僕にだって芦原先生に対して言いたいことは山ほどある。芦原先生が僕に対して絶対にしてはならないことをしたのも事実。東日本大震災で被災して大阪に疎開していた高校時代の同級生がいるんだけどさ、卒業以来、久しぶりに再会したときに芦原先生のことも詳しく聞けたんだよ。その話を聞いて、僕が芦原先生の元を離れたことは間違いではなかったと確信した。原田、芦原先生はもしかしたら最後苦しんでいた部分もあったんじゃないか？」

「押忍……」

「でもさ、芦原先生にこんなことされた、あんなことされたなんて今言ったって先生が生き返るわけじゃないからさ。何があったかを全部は言わないよ。僕にしか知り得ないことだってあるじゃないか。先生がご自身の生き方を正当化するためには、誰かを悪者にしなければならなかった。そのうちの一人が僕だったってことだよ。芦原先生が語ること、そして僕が語ること。その中間に真相とか答えとかってものがあるんじゃないかな。どっちが正しいとかではなくてさ。そんなもんだよ、原田。僕だって自分の言い分が百パーセント正しいだなんて言うつもりはないしさ。相手には相手の言い分があるし、僕には僕の言い分があるもんだよ」

　双方が語る中間に真相があるという館長の物言いは強く印象に残った。芦原先生が私などに語ってきた内容を否定するのではなく、「相手には相手の言い分がある」と受け入れる度量の大きさ。まさに達観の域に達したかに思える石井館長は、将来のことも語ってくださった。

「僕も様々な苦労をしたけど過去を後悔してはいない。原田、僕は真面目に百二十歳まで生きようと思う。だから、今が人生の折り返し地点だ。これからはお世話になった空手界に恩返ししたくてね。原田も一緒に、もっと空手界を盛り上げていかないか？」

　お酒もやめ、野菜中心の食生活にして、百二十歳まで生きると断言する石井館長は、これからの人生で空手界に恩返しするのだと言う。具体的な取組みに関しては現在進行形の話でもあるため書けないが、石井館長にしか実現できないことであるのは間違いない。それは空手に関わる全員が望む夢とも言えるし、芦原先生が目指していたこととある意味で同じとも言える。石井館長にお会いすると、こちらにまでエネルギーが充満していく。聞くと会うとでは全然違う方なのである。

実は、初めて石井館長にお会いして、芦原先生の葬儀の際の非礼をお詫びした焼き鳥屋には、正道会館の二宮博昭師範も同席していた。

そのとき、石井館長が二宮師範にこんなことをおっしゃっていた。

「先輩、今後のことでご理解いただきたいのですが、よろしいでしょうか。今、正道会館は新日本空手道連盟に加盟していますが、極真会館と同じ国際空手道連盟に移るかもしれません。やっぱり、今の極真の分裂状態は良くない。冷静に見るに、大山先生が遺言で館長に指名したのは松井館長です。だからこそ、極真がまた一つになれるように、同じ連盟の下でやっていきたいと考えているんです。それができるのは、今の僕しかいない。先輩、連盟の件、ご理解ください」

その頃すでに石井館長は空手界の分裂状態を憂えていた。何とかして空手界を一枚岩にしてさらなる発展をさせたいと考えていたのだ。

私はそれを聞き、芦原先生の葬儀で石井館長を門前払いしたことを改めて後悔した。なんという高みで修行をなさっていることか。門前払いに悩む私なんかが見ている世界とは別次元だった。自分の小ささを思い知ると同時に、空手界全体のために動こうとしている石井館長に深く胸打たれた。

そして私は、あることを思いついた。

私は節目節目に芦原先生から貴重な品の数々をいただいていたのだが、先生亡き後は、それらを遺品として大事に保管していた。その中でも特に思い出深い一品が、守り刀としていただいた手裏剣である。それをいただいたのは、芦原先生の病状がかなり悪化してからのことだったのだが、

「あとを、たのむ」

と文字盤を駆使して伝えてくださった言葉とともに、忘れることのできない品だった。

それをいただいた当時は、長男・英典氏への二代目館長就任のためのお願いだと解釈していたが、それは無事に果たすことができた。さらには、芦原会館を退職した身となっている私には、その「守り刀」を持つ資格がないと思うようにもなっていた。

――空手界を一つにしようとしている石井館長こそ、この手裏剣を持つべきだ。

そう思った私は、その手裏剣を石井館長に送った。

「今後の空手界のことを考えていくと、この守り刀は私ではなく、兄弟子である石井館長が持つべきです。私には、これを所持する資格がありません」

同封した手紙にはそう書いた。少しでもいいから石井館長のお役に立ちたい一心だった。

それから一週間ほど経過した頃だろうか。一つの小包が私の元に届いた。

開封してみると、そこには丁寧に梱包された手裏剣が入っていた。さらには手紙も添えられていて、感謝と覚悟の思いが綴られていた。

拝啓　初冬の候、ますます御隆昌にてお慶び申し上げます。

先般は、ご丁寧なお手紙を頂戴いたしまして、有難う御座いました。

貴殿の寛大なお心使いについて言付かりました。

貴殿のお気持ちは本当に嬉しく、ご配慮頂きまして痛みいります。

お気持ちを充分に理解させていただいた上で、芦原先生が貴殿に託した思いも含め、芦原先生の大切な品を私が頂戴するわけにはいきません。

芦原先生のお気持ちを察するに、生涯貴殿が保管されるのが一番と思いました。

私は、貴殿のお気持ちだけを充分に賜りました。

「守り刀」は、私の心に焼き付けました。

貴殿のお心使いを励みに、これからも努力を怠らず、日々精進していく所存でございます。

今後とも今まで同様ご指導、ご鞭撻賜りますよう、宜しくお願い申し上げます。

せっかくの原田様のお申し出をお断りするような形になりましたことに大変心苦しいのですが、何卒、ご理解頂ければ幸いと存じます。

師走の月を迎え、ご多忙の日々をお過ごしかと存じますが、季節柄、ご自愛されますとともに、益々のご発展を心よりお祈り申し上げます。

敬具

株式会社ケイ・ワン　代表取締役　石井和義

芦原先生とはタイプが違うが、石井館長もまた人を惹きつける魅力に溢れた人物だった。その手紙を読み、もう師匠を超えた領域にあると思ったのも事実である。そこには、芦原英幸からの誹謗中傷という「勲章」をもらった男の意地とプライドも感じることができた。

自分もいつかこういう男になりたい。手紙を読み返すたびに、私はそう思うのである。

※1　二宮博昭：現・正道会館最高相談役。芦原先生の一番弟子とも言われている空手家で、極真会館芦原道場の創成期に道場発展に寄与した。芦原先生が松山市に進出した際にはアパートで共同生活をし、道場拡充のために尽力された。「芦原先生のことは話さないように決めているんだよ」とおっしゃり、その信念を貫かれる兄弟子である。

芦原英幸が最も避けた直弟子　福岡初彦

石井館長とともに葬儀場に来てくださったのだが、門前払いをせざるを得なかった福岡初彦氏のことも書かねばならない。

極真会館芦原道場時代の芦原先生の直弟子で、私が芦原会館を退職した後に大変お世話になった恩人でもある。

空手の世界しか知らなかった私は、一般社会人としての常識をこの福岡氏から学ばせていただいた。

私が芦原会館北九州支部に在籍していた高校生の頃、稽古帰りに立ち寄るコンビニエンスストアがあった。そこで道場の先輩たちが目を爛々と輝かせながらこんな話をしていた。

「まだ極真会館芦原道場だった頃に、福岡初彦ってメチャメチャ強い人がいたんやと。極真全日本大会で、あの三瓶啓二（※1）の顎の骨を回転チョップで砕いて反則負けになったらしい。すげーよな！」

そのとき耳にした福岡初彦という名前は、若い私の心に刻まれた。どんな人かは知る由もなかったが、「顎の骨粉砕」というエピソードのインパクトが強烈過ぎた。

それから十数年後、芦原会館を退職した私が人生の再スタートを切るべく動き出したタイミングで知己を得ることになるとは……。人生には何があるかわからないと言うが、まさにその通りだと思う。

実はこの福岡初彦という人物は、芦原先生にかなり敬遠されていた人物でもあったのだ――。

プ！　プ！　プ！

芦原先生はご自分で車を運転して出かけるとき、大きなクラクションを鳴らしながら猛スピードで帰ってくるのが常だった。一九八八年か八九年頃だったろうか。その日もいつもと同じように盛大にクラクションを鳴らしながら帰ってきたのだが、車から降りるなりまくし立てるように言った。

「原田、ゴルフの打ちっぱなしに行ったら、福岡の初がいたよ。隣で偶然、一緒になってな。色々話してくるから、仕方なく『ほーか、ほーか』って言いながら聞いてやったわい。ＪＣとかいう松山青年会議所に入ってるんだと。田舎者のくせに！　マット屋風情が！　俺がやっている特殊警棒の仕事とは次元が違うわい。なっ、原田！　お前どう思う？」

「……押忍」

「石井も時々、宇和島に帰ってきてるって言ってたよ。なんなんだよ、あいつら！」

先生は、苦虫を噛み潰したような顔をしていた。ちなみに「石井」とは正道会館の石井館長のことで、石井館長と福岡氏は、宇和島東高校の先輩・後輩の間柄である。

当時、福岡氏と全く面識がなかった私は、芦原先生がまくし立てるのを聞いているしかできなかったのだが、内心、「福岡の初」に心が躍っていた。高校時代に聞いたエピソードを思い出したのである。

――「福岡の初」って、もしかして……？

芦原先生が福岡氏の話をするのを聞いたのは、これが初めてだった。だから、芦原先生の微細な心理を読み解くことはできなかった。いつものように、元直弟子に対する怒りの感情を爆発させているだけだと思っていた。

それからすぐの時期だったろうか。松山市内の繁華街に繰り出し、芦原先生が大好きなふぐを食べに行くのに同席させていただいたときのこと。駐車場に車を止めてお店に向かうと、先に入っていた芦原先生が慌てた様子で店から出てきた。

「福岡の初が店の奥におるけん。すぐに出るぞ」

そう言って、そそくさと歩いていってしまったのだ。

――あれ？　いつもとちょっと違うな……。

直感的にそう思った。芦原先生にしては珍しく、避けているような感じがしたのだ。元弟子の方を悪しざまに語る場面には何度も遭遇してきた。だけどこのときは、ただ「出るぞ」と言うだけで福岡氏を悪く語ることもない。何となくだが、一刻も早く福岡氏から遠ざかりたがっているかのような印象を受けた。

――なぜ、芦原先生は福岡さんをここまで敬遠するんだろう？

もちろん、芦原先生に聞くことなどできるわけもない。その理由を知るのは、芦原先生が亡くなってからのことだった。

この福岡氏も常に筋道を通される方だった。

芦原先生が病気療養中のときも決して静観はしなかった。福岡氏の知人で、一会員として芦原会館に通っていたある会社の社長がいたのだが、その方を通じて「きちんとお見舞いに行きたい」という打診があった。だがそれは、芦原先生の意思で叶わなかった。

葬儀の際には門前払いの対象でもあり、前述したように実際に門前払いした。

だがそんな非礼があったにもかかわらず、福岡氏は、芦原会館を退職した後の私の面倒を見てくださったのだ。

その経緯をここで書こうと思う。

私は結局、芦原会館に十二年間勤めた。退職したのは三十歳のとき。空手自体をやめようと決意し、一社会人としての再出発をはかるべく就職活動をしていた。

再就職先を探す上で相談に乗ってもらっていたのが松山市にある石原自動車教習所の石原実社長だったのだが、ある日その石原社長から、

「福岡初彦に会ってみるか？」

と言われた。無論、お会いしてみたい気持ちがないわけではない。高校生のときにその名前を聞いて以来、私の憧れの空手家でもある。しかし、芦原先生と福岡氏の関係を思うと、躊躇してしまう。

「過去に芦原先生と色々あったみたいなんで、会うのはちょっと……」

私は申し出を渋る返答をしてしまった。そんな私に対して、石原社長は諭すように語ってくださった。

「原田君、君は今まで空手しかやってきたことがないのでわからないと思うけど、福岡は仕事においても立派な人物だよ。僕と同級生でね。松山青年会議所でも長年活動していて、サニクリーン四国という会社の営業部長として、立派に頑張っている。一度会うと、芦原先生から今まで聞いていたことが事実ではないということもわかると思うよ」

「押忍……」

「僕も彼も忙しいから、会うと決めたら会う。会わないと決めたら会わない。それははっきりしてもらいたい。どうしても会いたくないのだったら、それでも構わないよ。君が希望している警察官になる道を選んでもいいし、君さえよければ僕の自動車学校の教習官になる道も用意している。でも、彼と会うことはきっと君のためになると思うよ」

石原社長の話を聞きながら、私は芦原先生の葬儀の際に考えていたことを思い出していた。

——そうだ……芦原会館を退職したら、葬儀で門前払いをした方々にお詫びして回ろうと考えていたんだ。これは運命かもしれない。まず最初に福岡さんに会ってお詫びをさせていただこう。

それから三週間後、石原社長とともに「華利休」という料理屋で福岡氏と会うことになった。

私と石原社長が個室の席について福岡氏をお待ちしていると、しばらくして誰かがお店に入ってくる音がした。

「来たよ」

隣で石原社長がつぶやく。私は姿勢を正し、肚に力を入れた。

個室の扉が開くと、福岡氏が顔を覗《のぞ》かせる。一瞬の間を置いて部屋に入ってきた福岡氏は、私の顔を凝視した。そして名刺を差し出した。

「オー！　福岡と申します。今日はね、会うのを本当に楽しみにしていたんだよ。その節は本当にお疲れさんだったね。今日は飲もう」

「原田と申します。芦原先生の葬儀の際は、大変失礼をしました」

「いいんだよ。先生の性格は僕も知っているから。昔からずっとそうだったから……。それとね、原田君、僕はもう空手をやっていないんだよ」

「えっ？　そうだったのですか？」

「やってないよ。もうずーっと。今は会社の営業部長として責任があるから。空手どころじゃないもの」

　その話を聞いて、私は長年の疑問だった「芦原先生は、なぜ福岡氏をあそこまで避けていたのか」の理由がわかった気がした。

　芦原会館の職員を退職した直弟子の方たちの多くは、自分の一派を築くなどして空手活動を継続していた。一方、福岡氏はスッパリと空手をやめて実業界に身を置き、結果も出している。しかも、同じ松山で活動をしている。芦原先生は、空手とは離れた世界で威風堂々と成長していくその姿が眩《まぶ》しくて、つまりは疎《うと》ましくて、福岡氏を避けていたのではないだろうか。

　芦原先生は以前、私にこんなことをおっしゃっていた。

「原田、俺はね、空手家という枠だけにおさまりたくないんだよ。実業家を目指しているんだよ」

特殊警棒事業を通じて、実業家になるという夢に向かって邁進していた芦原先生。ある意味で、芦原先生は福岡氏に先を越されたのだ。福岡氏を実業家として認めざるを得ず、ライバル視していたのかもしれない。

「でもさ、空手をやめて実社会に出たことは僕にとって良いことだったんだよ。空手界の『押忍！　押忍！』の世界ってもちろん良い部分もあるんだけど、やっぱり世間一般の常識とは違うところもあるしさ。『空手家の福岡初彦』が通用しないところで荒波に揉まれたことで、視野が広くなったし、正確な判断ができるようになったとも思う。僕は空手をやめてそういうところで勝負してきたから、芦原先生に対しても違うと思ったことはストレートにそう言えたんだよ。まあ、だから芦原先生に避けられちゃったのかもしれないんだけど」

空手界から離れた福岡氏の言葉は、私にとっては瑞々《みずみず》しく聞こえ、新鮮さとともに胸を衝《つ》かれた。

「先生も、ああいう方だったんでね。町で偶然会うたびに、『誰それは宗教関係だから気をつけろよ』って言うんだけど、その『誰それ』ってのが空手界の人なんだよ。だから、『先生、僕はもう空手をやっていないので』と答えるしかなくてね。先生が話すことは、一般社会とはあまり関係のない話のことが多かったんだよ」

芦原先生は福岡氏に対してあくまでも師匠として振る舞いたかったのだろう。だが、空手界と実業界では世界が違う。「もう空手をやっていないので」と言われて、芦原先生も戸惑ったのではないだろうか。だから避けるようになったのではないだろうか。

福岡氏も石井館長と同様に、師匠である芦原先生を超えて大きくなっていった弟子の一人のように感じられた。また、そんな福岡氏の話を聞くことは、職員として働いていた頃とは違う角度で芦原先生を見るきっかけにもなった。

「僕も、来年からグループ内最年少での役員就任が決まってね。やっと一区切りつくところなんだよ」

威張るようなところが全くない福岡氏だったが、実業界で結果を出してきた自信がみなぎっていた。その日は様々な思い出話をして解散となったのだが、その後も定期的に誘ってくださるようになり、親交を深めさせていただいた。

そして何度目かにお会いしたときに、

「原田、もし良かったらうちに来て働かないか？　悪いようにはしない。僕も役員になったから、定時で会社を上がれるようになる。これからは長年の夢であった青少年育成のための空手教室をやってみたいと思っているんだ。僕に力を貸してくれないか？」

と誘ってくださったのである。

福岡氏は、空手道を通じて、いじめや不登校で悩んでいる子どもたちに自信を持ってもらうことを目指していた。空手による社会貢献を主な目的にしていると言う。

空手自体をやめることを決意して再就職先を探していた当時の私は、仕事をしながら空手ができるなんて考えてもいなかった。

――こんな自分だけど、子どもの頃から空手をずっとやってきた。ささやかではあるかもしれないけど、空手を通じて子どもたちに伝えられることがあるかもしれない。

福岡氏の話を聞くうちに、私はそう思うようになっていった。新しい仕事をしながら、というのは私にとってもチャレンジになるが、死ぬ気でやればできるはずだとも思った。

妻にも相談し、私は決意した。お話をいただいたその年の冬、私は福岡氏にお時間をいただき、

「よろしくお願いします」

と頭を下げた。こうして、当時、福岡氏が役員を務めていた「サニクリーン四国」への就職が決まったのである。

そして、それと同じタイミングで福岡氏が立ち上げたのが、「日本空手道連盟如水《じょすい》会館《かいかん》」である。

福岡氏のおかげで私は人生の新章をスタートさせることができた。言葉に尽くせないほどの

感謝の思いを抱いている。

ちなみに、福岡氏が設立した如水会館に参加した私は、二代目館長芦原英典氏が率いる芦原会館から一切の付き合いを拒絶された。

正道会館とも付き合いのある福岡氏とともに新たな一流一派のメンバーとして活動を始めたから、というのがその理由だった。

当然、芦原会館の全国の支部長にも「原田寛との交流を禁ず」との通達がなされた。

芦原会館を離れていった直弟子が受け取る「勲章」の一つを私もいただいた瞬間だった。

サニクリーン四国は清掃用品のレンタルを主業務としていた。芦原先生は福岡氏のことを「マット屋」と言うことがあったが、サニクリーン四国が扱っている清掃用品にマットが多かったからである。

空手ばかりやってきた私には未知の領域だが、入社に導いてくれた福岡氏の顔を潰すわけにはいかない。文字通り必死に働いた。ちなみに、仕事で使うためにこの時期に電卓を購入したのだが、二十年経った今でも大事に使っている。

レンタルマットやモップ交換のルート集配をしながらの営業活動に精を出した。昼は基本的に毎日それをやり、週一回のナイト集配も担当した。

それに加えて、如水会館での週三回の空手指導。休む間がなかった。あっと言う間に十キロ近く体重が落ちた。

生まれ変わった気持ちで死に物狂いで働いたからか、スピード出世を果たし、入社三年目には営業所長にまでなった。空手教室のほうも順調で、如水会館は着実に生徒の数を増やしていった。

だが、好調なときほど試練が訪れる。私が入社して三年ほどが経過した頃だっただろうか、福岡氏が突如出世レースから外されたのだ。

実績と能力が突出していた福岡氏だが、であるがゆえに上から妬《ねた》まれてしまったのが原因だった。

福岡氏ほどの功労者に対するものとしては到底考えられないほどの仕打ちも受けた。福岡氏は長年勤めたサニクリーン四国を退社し、同じ業種の会社を立ち上げることを決意した。

「君と出会ったから、この決断ができたんだよ」

との有難い言葉もいただいた。恩人にそうまで言われて何もしなかったら男が廃《すた》る。「少しでもお役に立ちたい」との思いで、福岡氏が立ち上げた会社に私も参加させていただき、仕事と空手に明け暮れた。

福岡氏は独立後もその実力をいかんなく発揮。豊富な人脈も活かして、右肩上がりで業績を伸ばしていった。飲食業にも進出し、全国に多店舗展開を果たすまでに会社を成長させた。もちろん苦しい場面は幾度となく訪れた。資金面で苦しむこともあったし、ビジネスにおける摩擦や軋轢《あつれき》など日常茶飯事だった。そんな熾烈《しれつ》な争いを、芦原先生にも匹敵するほどのものすごい闘志で乗り越えていった。

――芦原先生の特殊警棒事業の営業を福岡さんが担当していたら、警察に正式採用されるところまでいけたんじゃないだろうか？

　そんなことを真剣に思うほど、事業に対する福岡氏の熱意と馬力は凄かった。

　私は新会社の役員にまで引き上げていただいたのだが、あまりにも恵まれた環境ゆえ、自分自身がそれに甘えてしまうかもしれないという危惧を抱くようになっていた。さらには私自身の営業力不足と管理能力の未熟さで、空手と仕事との両立ができなくなりつつあった。

　思い悩んだ私は、退社を決意した。福岡氏と出会ってから十年後、新たな会社に入ってから六年後のことだった。

　福岡氏から学んだことはたくさんあるが、「人と会って話をする」と「営業はとにかく訪問軒数を重ねる」の二つは、今でも私にとって大切な指針となっている。いくつになっても向上心が衰えない方で、最後の別れのときに、

「僕は、死ぬ間際までレベルアップしたい」

とおっしゃっていたことが強く心に残っている。

私は、そんな福岡氏に弟のように可愛がっていただいた。芦原会館を退職した際は、将来の展望なんて描けなかった。「空手をやめる」と決意して再就職先を探し始めた私に、仕事を世話してくれただけでなく、空手と関わる道をも作ってくださった。空手を通じた社会貢献ができるなんて夢にも思っていなかった私にとって、それがどれほど嬉しかったことか……。

今の私があるのは、間違いなく福岡氏のおかげである。言葉では言い尽くせぬほど感謝している。

そういえば、高校時代に私が耳にした「顎の骨粉砕」のエピソードに関して福岡氏に聞いてみたことがある。福岡氏は懐かしそうな表情を浮かべて笑いながら、

「全日本大会で三瓶選手と組手したときのことだろ？ あれで反則負けをくらわなかったら、あの大会は三位以上はいけてたんじゃないかなって自分では思ってるんだけどなあ。毛利会長からは、『間違いなく福岡選手の優勝だった』と閉会式でお褒めの言葉をいただいたんだけど、あれは嬉しかったよ。身長があと十センチ高かったらなあ。その後は、自信があったな」

とおっしゃっていた。そこまでの空手の実力がありながら、福岡氏は芦原先生の元を離れた後に実業界へと飛び込み、空手界に見切りをつけた。持ち前のパワーで実業界でも結果を出し、そして空手界に戻ってきた。

そんなことができる人は、福岡氏以外にいない。
芦原先生が最後まで避けた福岡初彦氏の怪物たる所以である。

※1　三瓶啓二：極真会館の全日本選手権で史上初の三連覇を果たした空手家。

芦原英幸暗殺未遂事件の真相

福岡初彦氏と言えば、〝芦原英幸暗殺未遂事件〟を知る数少ない証言者でもある。話は少し脱線するが、この事件について私が知っていることをきちんと書いておこうと思う。

芦原英幸暗殺未遂事件――。

この「事件」は書籍や雑誌などでまことしやかに書かれてきた。極真会館北海道支部長だった高木薫氏が、大山総裁の命令を受けて芦原先生を殺しにきたというものだ。しかも、高木氏はやくざ者を同行させていて、拳銃を持っていたのだという。だが、芦原先生が異変に気づき逆襲。裏拳で顔面を叩き潰して、高木氏の片目を失明させたのだと言う。そのこともあり、高木氏の片目は義眼だと書いてあるものもあったし、海岸に連れていって顔だけ出した状態で砂浜に埋め、反省を促したと書いているものもあった。

私は、芦原先生から直接この件に関して聞いたことがあった。

「親からもらった人様の命を、簡単に奪おうとするなんて許せんかった。お墓で後ろ手に縛って一晩中反省させようと思ったんだよ。大山先生の命令で命を取りに来た、と自白もさせてね。会館の生徒だった刑事をその場には同席させていたんだけど、そいつに『先生、これなら警察はいつでも動けますよ』と言われたんだ。自白テープもあるよ」

それを聞いたときは、「そんなことがあったのか……」と呆然とする思いだったが、その後、それが決して真実ではないと知るようになった。真実ではないどころか、完全な脚色でさえあるようだ。芦原先生の言をひっくり返すようで心苦しいのだが、このままでは亡くなった高木氏が浮かばれない。厳冬の地で極真空手の普及のために尽力なさった高木氏の名誉のためにも記しておかなければならない。

私に事件の真相を教えてくれたのは、福岡初彦氏だった。

――あの事件があったときに極真会館芦原道場の指導員だった福岡さんなら、色々な話を教えてくれるかもしれないな。

そう考えた私は、何の気なしに芦原先生から聞いた話を福岡氏にしてみた。そうしたら、福岡氏は即座に、

「そんなの全くの嘘だよ！」

とおっしゃったのだ。

「芦原先生から『高木が俺を襲撃に来るから松山駅に来い！』っていきなり連絡があったんだ

よ。何事かと思って駆けつけて事情を聞いたら、『それは大変だ』ってなってさ」

その場には、石井和義氏と中山猛夫氏（※1）もいたらしいのだが、確かに最初は緊迫した空気が流れていたらしい。それはそうだろう。極真会館の猛者が芦原先生を殺しにくると聞けば、弟子としては緊張せざるを得ない。

「駅から出てきた高木さんがＹシャツ姿に下駄《げた》を履いていたのをなぜか覚えてるなあ。その高木さんが『芦原先輩！』って挨拶したときの笑顔を見て、『あれ？』って一瞬思ったんだけど、こっちも興奮してるからさ、抵抗する高木さんの革ベルトが引きちぎれるほどの勢いで無理やり車に連れ込んだんだよ。乱闘まがいの迫力に駅前交番の警官も心配して出てきた。『芦原先生、大丈夫ですか？』って。『いやいや、何でもないから』とか言いながら、駅裏にあった寮に連れていったんだよ。僕は、芦原先生に言われるがままに、拳にタオルを巻いて高木さんを殴った。中山は廻し蹴りだった」

だが、必死で誤解だと訴える高木氏の様子を見て、福岡氏は違和感を覚えたのだという。

「途中で、『芦原先生の命なんか狙いに来てないんじゃないか？』と思ったんだよね。『先輩に会いに来ただけだ』『命なんて絶対に取りに来てない』って高木さんは言ってたし、武器なんて持ってなかったし。ピストル持って襲撃なんかとんでもない。高木さんが一人で芦原先生に会いに来た、これが事実だったんだよ」

翌日、高木氏は松山市民病院に行って治療を受けた。福岡氏はその治療に付き添ったのだが、「暴行を受けたのでは？」との病院の質問に、高木氏は殴られたことを一切言わなかったのだという。

「目の周りがぼっこり腫れて大変な状態だったんだけど、病院では『滑って転んだ』で通したんだよ。あんな男らしい人はなかなかいないよ」

しかし、高木氏が何の目的で芦原先生に会いに来たのかという理由は、ブラックボックスの中にある。ただ芦原先生に挨拶をしに来ただけなのか。それとも、大山総裁から何かしらの命を受けてやってきたのか……。その真相は全くもって不明なのである。

高木氏が支部長をされていた極真会館北海道支部に在籍されていた元会員の方からいただいた、私がやっているFacebook経由で送られてきたメッセージにもこんな風に記されてあった。

> 高木先生には、本当にお世話になりました。
> 先生は晩年まで、両目ともに視力1・0以上でした。
> そして、存命中は一度も芦原師範の悪口は言われていなかったです。

繰り返しになるが、大事なことなのでもう一度書く。

高木氏がピストルを持って芦原先生を殺しに来たというのは事実無根である。芦原先生に返り討ちに遭い、片目を失明して義眼になったというのも嘘である。

後年、私は石井館長からも同様のことを聞いた。現場に居合わせた直弟子は四人で、その内、二人から全く同じ証言を得ているのである。私は、二人が語ったことこそ真実であると固く信じている。あの二人は、嘘をつくような方ではないからだ。

福岡氏は、当時を回想してさらに語ってくれた。

「芦原先生が極真から独立した前後の時期って、『命を狙われている』っていつも言ってたんだよ。今思えば、ちょっと情緒不安定だったのかもなあ。色んなことに対して疑心暗鬼にならざるを得ない状況だったのは確かなんだけどね。芦原先生が永久除名処分になる前、高見さん（※2）に不自然な動きがあったんだよ。極真を退会して小さな自流派を作ったりして、明らかに芦原先生から距離を置いていた。結局その後に高見さんは極真の愛媛支部長になるんだけどさ、今思うと、大山先生と毛利先生から『芦原を切るから支部長になる準備をしておくように』って言われてたんじゃないかなあ。密約って言うかさ、そういうのがあったように思うんだよねえ。芦原先生も高見さんのことは良く思ってなかったみたいだから、薄々気づいてたのかもしれない。『初、あいつら高見の一派だからシメてこい』って言われて、極真の奴らと乱闘沙汰になったこともあった。お互い、ボッコボコに殴り合ったんだけど、相手のカツラが飛んで思わず吹き出しちゃってね……。『わかった、わかった。もうやめよう（笑）』って」

「そんなことがあったんですね……」

「二宮博昭先輩が退会するときも大変でさ。芦原先生から呼ばれて道場に行ったら、『二宮のところに行って、辞めないように説得してきてくれ』って頼まれたんだよ。結局、二宮先輩は芦原道場を辞めて正道会館に移ったけど、僕も裏でそれに関わっていたみたいなことを言われてさ。そんなことあるわけないよ。だって、僕が二宮先輩と会ったのはそのときが初めてだったんだよ。もっと言うと、そのときの僕ってもう空手をやめていたんだよ。もう会社勤めしてたの」

そういった複雑な人間関係に巻き込まれた挙句、福岡氏は裏切り者扱いを受けるようになり、芦原先生と疎遠になっていったのだと言う。

私も側近として芦原先生に仕えた身だから、その話を聞いて「さもありなん」と思った。芦原先生はそういう猜疑心が人一倍強い人だった。

※1　中山猛夫：第一回・第二回の全日本選手権を連覇した空手家。芦原道場に在籍していた

が、一九八一年に正道会館へ移籍。

※2　高見さん：極真会館に在籍していた高見成昭氏。現在は自流派の空手道場を開設。

貫いた忠誠　里健志

芦原先生の葬儀の際、遺言には反してしまうのだが絶対に入場拒否することのできない方が二人いた。一人は後述するが、まずはこの人のことを書こうと思う。

五年にわたって芦原会館総本部の職員を務めた里健志先輩である。

前述したように、里先輩はお父様が亡くなった際に長男としての務めを果たすため無念の退職をされ、郷里に戻らざるを得なくなってしまった。

誠実で人望が厚かった里先輩は、ひたむきな努力を粛々と積み重ねる方だった。

誰もが信頼する人柄、そして誰もが認める空手の実力。二宮城光師範が退会された後の芦原会館二代目館長の最有力候補と思われていたし、芦原先生もお元気だった頃にこうおっしゃっていた。

「二代目は里って思ってるんだよ。そして、三代目を英典にってね」

ある日、出張で松山空港に向かう車中、助手席に座っていた芦原先生は後ろの里先輩を振り返り、真剣に本人にもそのことを伝えていた。出しゃばることが決してなかった里先輩は、総本部職員として芦原先生を支えた側近中の側近で、晩年の最大の功労者でもある。

里先輩の誠実さは突出していた。絶対に他人を信用しなかったあの芦原先生が、職員の中で一番信頼していたのが里先輩だったと思う。それほどの人物だった。

進んで表に出るタイプではなかっただけにその功績が語られることが少ないが、ここで真実をきちんと記しておこうと思う。

空手に関しては言うまでもない。個人としての実力が抜きん出て高かった里先輩は、指導力も折り紙付きだった。芦原会館総本部道場の発展は間違いなく里先輩の存在抜きには語れない。そんな里先輩が芦原先生晩年の取組みである特殊警棒の開発に際しては図面製作係となり、最後の最後まで芦原先生の要望に応え続けたのだ。

芦原先生から求められると、嫌な顔一つせずに正確な図面を何枚も書き上げていた。ほとんど休みも取らずに何時間も机に向かうその姿は、今でも脳裏に焼きついている。特殊警棒が完成して教習用ビデオを作成するとなったときには、モデルも務めていた。

芦原会館発展のために陰に陽に尽力したのが里健志という男なのである。

――この先輩を絶対に男にしなければ……！

そう思わせるほどの献身ぶりであった。

芦原先生との緊張感溢れるやり取りが日常となる総本部職員の仕事。過去ほとんどの職員は一年ももたなかった。そんな中、里先輩は三年目の直弟子修行を終えようとしていて、周囲からは「奇跡」と言われていた。

ある日、芦原先生が会館近くの居酒屋に里先輩と私の二人を呼んだことがあった。食事をしながらの穏やかな空気の中、芦原先生は里先輩にこんなことをおっしゃっていた。

「里が故郷の広島に帰るときは、芦原がきっちりまとめて男の独立をさせてやるけん、安心しとけ。でもな、里ももっともっと頑張らないとな。広島にはウィリー殺しの田原（※1）とかおるんじゃけんな。じゃけん、職員になって三年が経つけど、里、もう少し芦原の元にいて頑張ってもらわんとこまるのよ」

芦原先生の率直な気持ちだったと思う。里先輩がいない芦原会館など想像もできなかった。それほどまでに大きな存在だったのだ。

芦原先生の言葉に対して、里先輩は静かにこう答えていた。

「押忍。ありがとうございます。私でよければお手伝いさせていただきます」

私は隣で聞いていただけだったが、まるで自分のことのように嬉しかった。

――里先輩、良かったなあ。これで今までの苦労が報われる。もう少し頑張れば、広島に帰って独立できるんだ。あれだけ芦原会館に貢献した里先輩なんだから、当然だよな。俺も、もっと先輩をサポートせんといかん。

　そう素直に思った。

　その後、二年近くが経過してからだろうか。

　里先輩のお父様が病気で亡くなられ、実家の広島県江田島町に帰らないといけなくなった。就寝前の寮で、それぞれのふとんに寝転がったまま、二人して天井を見つめていた。

「原田、すまんな。俺、退職して、広島に戻らんにゃいかんなった。俺、長男なんでね。母親の面倒を見んといかんのよ」

　しばらくの間、沈黙が続いた。

「残念です。本当に残念ですが、こればっかりは仕方がないですよね。でも、里先輩なら大丈夫ですよ。先輩は芦原会館にこんなに貢献されてきたんですから。芦原先生も約束通りに、きっちりと独立のサポートしてくれるでしょう。先生も以前、きっちり先輩の独立をサポートするって言ってましたし」

　また、しばらくの沈黙が続いた。

「本当に、そうやったらいいんじゃがのー。……原田、よく見とけ。俺がどんな扱いをされるか。それが、この修行の全ての答えになるけん。それを見て、原田もこれから先のことを考えろよ」

二人が見上げる天井には、間違いなく芦原先生の姿が浮かんでいた。

「……押忍。わかりました」

私はそれだけ答えると、部屋の電気を消して眠りについた。

毎日の稽古と特殊警棒の開発。寮での生活。目を閉じながら、私はそんな日々のことを思い出していた。苦しいことが多かったと思っていたが、楽しいこともたくさんあった。そして、楽しいことを思い出すとき、そこにいるのは里先輩だった。里先輩の優しい人柄に私は幾度となく救われていた。自分で意識している以上に、私は里先輩のお世話になっていたのだ。

里先輩の丁寧な仕事ぶりと芦原先生に対する誠実さは、他の人が真似できるものではない。しかも一日二日の話ではない。五年近くにわたって、その誠実さを貫き通したのだ。そのことを一番知っているのは芦原先生のはず。芦原先生なら、絶対に里先輩の独立を認めてくれると信じていた。

しかし、現実は甘くなかった。

里先輩が事情を話し、退職の意思を伝えた際、芦原先生から独立の話は一切出なかった。ただ単に退職の申し入れを受理しただけだったと言う。

——「男の独立をさせてやる」って前に言っていたのに……。あれは嘘だったのか……？

私は半ば唖然とする思いだったが、その後芦原先生に呼ばれて、さらに驚く羽目になる。

「原田、あいつ、おかしいよ。お前どう思う？　この大事なときに急に帰るって言い出して。宗教かスパイの関連だと思うんだけど、寮で何か変わったことはないか？　あいつ、変な本とか読んでないか？　変な奴らと繋がってないか？」

　芦原先生のこの言葉を聞いたとき、頭を石で思いっきり殴られたような衝撃を受けた気がした。芦原先生の直弟子が独立する際に避けて通れないと言われている「洗礼」。里先輩だけは例外だと思っていたが、そうではなかったのだ……。

　いつも、芦原先生に対しては「押忍」しか言えなかった私だが、さすがにこのときは反論しそうになった。里先輩ほどの人でさえ、退職の話を持ち出した途端に評価が一変してしまうことにショックを受けていた。

——何で、里先輩を認めてやれんのや？　職員として仕えて、もう五年が経とうとしているのに。芦原先生に対してあんなに誠実に仕えてきたのに。里先輩ほどの方が退職を申し入れても、こんな風に言われてしまうのか？　しかも、お父様が亡くなって仕方なくという事情があるのに……。

　そんな私の思いを知るはずもない芦原先生は、里先輩に対する疑いの感情に支配されている様子だった。「原田、どう思う？」と何度も聞いてくる。

——そんなことはありません！　宗教でもスパイでもありません！　里先輩は変な奴らと繋がってなんかいません！

何度も心の中でそう叫んだ。だが、私の口から出てきたのは、その言葉ではなかった。

「……押忍」

松山に来たばかりの頃、里先輩から「何があっても『押忍』を貫き通せ」との教えを受けた。その教えに従って、私はどんな理不尽にも「押忍」の精神で耐え抜いてきた。

だが、このときの「押忍」ほど打ちのめされた「押忍」はなかった。自分に対して無性に腹が立った。あれだけ世話になった里先輩があらぬ疑いをかけられているのに、芦原先生に反論できない自分。

その情けなさに打ちひしがれた。

里先輩も、独立が叶わぬ現実を前にして無念そうな様子だった。事務所には、白紙の支部認可の賞状が在庫として置いてあるのだが、それを見つめながら、

「この賞状だけでも、修行の証として芦原先生からもらえんのかいのお……」

と寂しげにつぶやいた里先輩の言葉が、今も胸に残っている。

それを聞いた瞬間、自分も切りが良いところで退職しようと決意した。実は私には「警察官

になりたい」という淡い夢があったのだが、その夢の実現に本腰を入れるようになった。参考書を購入し、日夜コツコツと勉強するようにもなった。紆《う》余曲折《よきょくせつ》の挙句その夢が実現することはなかったが、このときは本当にそう思った。それくらい、里先輩への仕打ちは私にとっても大きな出来事だったのである。

私と里先輩の二人しか体験できなかった思い出もたくさんある。

芦原先生は特殊警棒開発の仕事で疲れやストレスがたまると、

「おい、ふぐとすっぽんを食べに行くぞ」

と食事に誘ってくださるのだが、なぜか必ずと言っていいほどの割合で揉め事に遭遇した。芦原先生は、大げさでも何でもなく大小様々な揉め事を引き寄せてしまうのだ。

どんな揉め事であろうと、私と里先輩は先陣を切って相手に向かっていった。芦原先生は、そんな私たち二人に対して、

「待て、待て、里！　おー原田、待てって！　わかったから待て。最近は、いかん。芦原が止める役になっているよ。お前ら駄目だよ」

と言いながら笑っていた。

こう書くと、私たち二人の血の気が多いかのように見えるかもしれないが、それは違う。芦原先生を介入させないことこそが、揉め事を大きくさせないコツなのだ。もし芦原先生まで入

ってしまったら、本当にとんでもないことになってしまうのだ……。

「オイ、お前らやめろよ！　芦原だよ！」

と言いながら、生き生きと仲裁する芦原先生。「芦原だよ！」と言った後の相手の反応が満足できないものだと、

「こないだ三越で作ったコート、あんまり迫力ないんかのう？」

と言って少し悩む素振りを見せながら、茶目っ気ある笑顔を浮かべていた。

芦原先生は揉め事を心底楽しんでいた。

〝ケンカ十段〟の異名は伊達《だて》ではないのだ。骨の髄まで喧嘩好きだったのは、まぎれもない真実なのである。

あるとき、松山市の繁華街にある中華料理「万寿」の前で、堅気ではない組織の大幹部が女性と立っていた。すかさず芦原先生が近づいて「オイ」と相手の首に手を回した。

「お前、元気にしてたの？」

「おー芦原先生、元気です」

私たちは先に店に入っておくよう言われて従ったが、心配で仕方なかった。だがその心配は杞憂《きゆう》に終わり、しばらくしてから先生は何事もなかったかのように店に入ってきた。

「昔、刑務所の面会所であいつにタバコ吸わせてあげてな。それを恩に感じてんだよ。あっ、

しまった。もう少し時間があったら、あの高級そうな腕時計もらってたのに」

と笑いながら楽しんでいた。


里先輩と最後の別れの日。

「来世で会おう」

里先輩は私にそうおっしゃってくれた。私たちは固い握手をして笑顔で別れた。

里先輩は現在、地元江田島町で整体院を開業する傍ら、地元メンバーと空手の活動もしていると聞く。

芦原先生の葬儀の入場拒否など、到底私にはできなかった。葬儀の際も、目立たないよう隅の席に座り、芦原先生を見送っていた。

※1　ウィリー殺しの田原：〝熊殺し〟の異名を取ったウィリー・ウィリアムスに日本人として初めて勝利した空手家。

最後の兄弟喧嘩　添野義二

士道館館長の添野義二氏。

この方も葬儀場への入場を拒否することができなかった。葬儀場に現れた添野氏のあの姿を見てしまったら、入場拒否なんてできるわけがない。

添野氏は、芦原先生にとっては極真時代初期からの大事な後輩である。芦原先生とほぼ同時期に極真会館から除名処分を受けた添野氏はその後、芦原先生に負けるとも劣らぬ情熱で独自の道を突き進んでこられた。

芦原先生が亡くなる数ヶ月前のことなのだが、添野氏から芦原会館総本部に電話がかかってきたことがある。私がその電話に出たのだが、

「芦原先輩いますか？」

という第一声を聞いただけで、只者ではないことが感じ取れた。受話器越しの声だけで心を掴まれると言うか、それまでに聞いたことがないような、低くて上品な声だった。そして、そ

の声にはえも言われぬ迫力があった。

「失礼ですが、どちら様でしょうか？」

その迫力に呑まれないよう冷静に応対したのだが、さらに低い声が返ってくる。

「あなた、お名前は？」

「私は原田と申します。……失礼ですが？」

一瞬、静寂が訪れる。緊張感を孕んだその静寂に、受話器を握る私の掌《てのひら》はじっとりと汗ばんだ。

「士道館の添野と申します。芦原先輩、いや、芦原師範はいらっしゃいますか？」

——これがあの添野義二さんか……！

極真時代に「城西の虎」と呼ばれて恐れられた添野義二氏。対外的な交流を禁止されていた当時の芦原会館ではあったが、芦原先生が大事にしていた後輩でもあるその名前を知らないわけがない。私の緊張はさらに高まった。

「……あいにく、今は不在ですが」

「そう……。じゃあ、伝えといてください」

添野氏は静かに切り出し、埼玉県所沢市への新道場開設をやめるようにと申し入れてきた。

所沢には士道館の総本部があるのだが、何の断りもなく道場を開設するのはいかがなものかという抗議の連絡だったのだ。同じエリアにいくつも道場があると生徒を取り合うことになり、誰も得をしない。だから、道場開設の際には細心の注意を払うのが空手界の常識だった。

「僕の道場の周辺の電柱に会員募集のポスターを勝手に貼っているようだけど、さすがに先輩でもそれはないかな。今まではそれで問題になったとしても、芦原英幸だってわかれば相手が引いたかもしれない。でも、僕は絶対に引かないから。黙っちゃいないから。僕だって、先輩が住んでいる松山市には道場を出していない。これからも出すつもりもない。先輩に対する僕なりの礼儀だよ」

抗議の電話なのに、声を荒げることは一切ない。だが、冷静な口調だからこそ、迫力がこもっていた。「一週間ほどしたらまた連絡する」と言って電話を切った添野氏だが、組織の責任者として肚が据わっていることはヒシヒシと伝わってきた。たとえ芦原先生と「先輩と後輩」の関係であったとしても、事と次第によっては「組織対組織」で徹底抗戦するという覚悟が感じられた。

——この案件に曖昧な着地点はない……。どうすればいいだろう……？

一刻も早く芦原先生にこのことを相談しなければいけない。だが、私は考え込んでしまった。

——芦原先生に伝えるべきか？　それとも今は伏せておくべきか？

実は、この電話があった日の数日前から芦原先生は体調が優れず、いつ何があってもおかしくない状態になっていたのだ。

――今の先生にこの難題を捌いてもらうのは忍びない……。私が解決のために動いたほうがいいのではないか？

芦原先生の名誉のためにも書いておくが、添野氏に不義理をしてでも道場を開設するというような思惑は芦原先生にはなかった。この頃の芦原会館は規模が大きくなっていて、しかも肝心の芦原先生が病魔と闘っていた。細かいことが本部に上がってこないことも多く、所沢での道場開設の計画も松山の会館総本部にまで報告が上がってきていなかったのだ。当然、私も知らなかった。おそらく、同好会の開設を希望する道場生がポスターを貼ったということなのだろう。もちろん、添野氏に対してそれは何の言い訳にもならない。組織として対処すべき問題である。

芦原先生がいらっしゃる三階へと階段を上りながら、私は判断に迷っていた。迷いつつも館長室に入室した。

いつも通り椅子に腰かけ、右手をゴム紐に吊って座ったままの芦原先生。館長室に入ってきた私をジロッと見据える眼光は鋭かった。その眼光で睨《にら》まれては隠し通せるはずもなく、私は添野氏からの電話の件を伝えることにした。

私の話を聞き終えた芦原先生の様子は不思議としか言いようがなかった。背筋をシャキッと伸ばして天井を見上げ、「フフフッ」と嬉しそうに笑ったのだ。添野氏の性格を思い出して笑っていたのだろうか。私はただ黙って、そんな先生の姿を見つめることしかできなかった。

その後も添野氏からは連絡が来た。時には添野氏の代理人の方から電話が来ることもあった。もちろん内容は「所沢での道場開設をやめてほしい」というものである。

一方の芦原先生と言えば、病状が悪化して伏せっていることが多くなっていた。私としてはそんな芦原先生に電話を繋ぐわけにもいかず、

「大変申し訳ありませんが、不在にしておりまして……」

と繰り返すしかなかった。真実を告げられない心苦しさはもちろん感じたが、それは私が受け止めるしかないと思っていた。

そんなやり取りが何度か続いたある日。

また添野氏から電話がかかってきたのだが、その日の電話は夜遅くにかかってきた。それまでと違って、低く沈んだ声だった。

「先輩……病気なんだろう？　実は人伝てに聞いてさ。元気なのかどうか心配なんだよ。ちょっとでもいいから先輩に電話を代わってくれないか。芦原先輩の声を聞きたいんだよ……」

その声を聞いて、私も胸が苦しかった。なんと寂しげな口調であることか……。自らが率いる士道館の館長として「組織対組織」の衝突も辞さぬ覚悟で連絡してきた添野氏が、芦原先生

の病気のことを知ったそのときは「先輩を慕う後輩」として電話をかけてきてくれたのだ。

しかし、芦原先生はそのときもう喋れる状態ではなくなっていた。文字盤を通じての会話しかできなくなっていたのだ。

「添野先生、お察しください……。ご理解ください。道場の件は、私が責任持ってやめさせます。きちんとご報告もさせていただきますから。芦原先生に電話を代わることはできないのです。申し訳ありません……」

病気のことは口外してはならない。なのでそう答えるしかなかったのだが、私の胸は締めつけられるようだった。

その後も添野氏からの電話は続いた。もちろん所沢の道場の件での連絡なのだが、添野氏は毎回芦原先生の病状のことを聞いてくれた。

――芦原先生の元気な声を聞きたい一心で何度もお電話くださっているのかもしれない。

やり取りをさせていただくうちに私はそう感じるようになっていった。添野氏の声色は、掛け値なしに芦原先生の病状を案ずるものだったからだ。

その後、所沢での道場開設に関しては、芦原先生から正式な意思伝達があった。

「こんかいはひく」

文字盤を通じて告げられた最終決断。添野氏にも連絡し、万事丸くおさまる形で終結した。

そして月日は流れ、芦原先生は亡くなってしまった。結局、先生と添野氏は直接語り合うことができなかった。

――あれだけ芦原先生の病状を案じていた添野先生であれば葬儀にいらっしゃるだろう。

私はそう思ったが、芦原先生の遺言に従うのであれば、直弟子の方々と同様に参列をお断りしなくてはいけない。ご遺族からも「そのように対応してくれ」と指示を受けていた。

迎えた葬儀の日。やはり添野氏は会場に姿を見せた。断腸の思いで「入場お断り」の旨を告げに添野氏に近づいた私だったが、目の前でその姿を見た途端に言葉が出てこなくなってしまった。入場を制止しようとする私の手は止まってしまったのだ。

そこに立っていたのは、かつて「城西の虎」と呼ばれた空手の猛者ではなかった。芦原先生の死という現実を前にして、ただただ悲嘆に暮れている一人の男だった。今にも泣き出しそうな表情で呆然と立っている添野氏を見て、私がかける言葉はなかった。

――芦原先生と添野先生には、二人にしかわからない世界がある……。私ごときがそこに立ち入ってはいけない……。

その思いに駆られた私は、入場を拒否することができなかった。

「芦原先輩にはね、昔、本当にお世話になってね。……お見送りだけでもさせてください」

静かにそうおっしゃって、私の前を通り過ぎていった。

そして、目立たぬように会場の末席に座られた。極真会館草創期に苦楽をともにした二人にしかわからない思い出がたくさんあるのだろう。ジッと芦原先生の遺影を見つめるその姿が強く印象に残っている。

実は、芦原先生も添野先生のことを懐かしがっていたことがあった。もう喋ることができなくなってしまった時期なのだが、所沢の道場の件で添野氏が何度も電話をくれたことで記憶が刺激されたのだと思う。文字盤を使って必死に思い出話をしてくれた。

昔、八幡浜で行われた合宿に添野先生が来てくれたのだという。列車を乗り継いで、城西大学空手部一行を連れて。遠くからわざわざ来てくれたのが嬉しかったのだと興奮気味に文字盤を通して語ってくださった。

そして、添野氏からの電話に自分で対応できないことを悔やみ、

「あいたい」

と泣きながら文字盤でご自身の心情を訴えたこともあった。

そんな先生の姿を知っているだけに、私はどうしても添野氏に最期を見送らせてあげたいと思ったのである。

葬儀に参列した添野氏は、火葬場にまで来てくださり、芦原先生のお骨を丁寧に拾ってくれた。静かに帰っていくその後ろ姿には悲しみが溢れていた。

もしかしたら、所沢の道場開設の件なんか、もうどうでもよかったのかもしれない。ただただ、昔のように芦原先生と話をしたかっただけなのかもしれない。道場の件で添野氏がかけてきた最初の電話の際、それを伝えたら芦原先生が天井を見上げて「フフフッ」と笑ったと書いた。もしかしたらあれは、昔のように添野氏とぶつかり合えることへの喜びだったのかもしれない。

「城西の虎」と呼ばれた添野先生の悲しき後ろ姿を見ながら、私はそんなことを思ったのである。

佐藤俊和先生との約束

芦原先生がお亡くなりになって、半年が過ぎようとしていた頃だった。

会館の玄関から突然大きな声が聞こえた。

「押忍！　秋田の佐藤です！　極真会です。芦原先輩のご焼香に来ました！」

張り裂けんばかりの大声と、大きな供花を抱えて現れたその人は、あの熊殺しのウィリー・ウィリアムスと激闘を演じた佐藤俊和氏であった。

秋田県本荘市の市議会議員でもあった佐藤先生は、多忙を極める中、遠路はるばる焼香に来てくださったのである。

緑健児氏が代表を務める新極真会に在籍していた佐藤先生だが、分裂前の極真会館にこそ自らのアイデンティティがあると考えていらっしゃるのだろう。「新極真会です」とは言わずに「極真会です」とおっしゃるところに、先生の矜持《きょうじ》を感じた。

「芦原先輩には、お世話になったなあ。あれこれ言う人もいるようだが、僕にとってはいい人だった。本当に良くしていただいた。僕は一階をトレーニングセンターとサウナにして喫茶店を経営していたんだけど、先輩はそのスタイルを気に入ってくれてね。自分の道場を作るとき、僕の喫茶店を参考にしてトレーニングセンターとサウナを作ったんだよ」

　本当に良い関係だったからだろう、佐藤先生が語る芦原先生には躍動感があった。先生の姿をありありと思い浮かべることができた。

「秋田の本荘市に来てくれたのは一回だけだったんだけど、五月頃に鳥海山でスキーをやってね。秋田では五月でもスキーができるんだよ。芦原先生、スキーなんてできるはずもないのに『俺、任せとけ』って言ってね。そんなこと言ったって、先輩は直滑降しかできないんだよ。『オリャー！』って言いながら真っ直ぐ滑っていったんだけど、そのまま進んだら崖から落ちちゃうからさ。そのとき一緒だった郷田勇三先輩（※1）が『芦原、倒れろ！　倒れろ！』って叫んでな。で、芦原先輩はその通り倒れたんだけど、足首を捻挫しちゃったんだよね。芦原先輩には悪いけど、大爆笑だよ。いい時代だったなあ」

　芦原先生が亡くなって半年近くが経っていたとは言え、そんな話を聞いたら芦原先生を強烈に思い出してしまう。私は佐藤先生の話に笑いつつも、芦原先生にもうお会いできない寂しさが入り混じる複雑な心境だった。

「酒も豪快だった。朝まで飲んで二日酔いなんだけど、そのまま大会会場に行ったこともあったな」

　佐藤先生はそう言って、酒の席での芦原先生のエピソードを教えてくれた。

「東孝（※2）が優勝した年の全日本空手道選手権だったかな。大会の後の打ち上げで、ホテル・ニュージャパンの地下にあるクラブに行ったんだよ。『ニューラテンクォーター』ってところなんだけど、人気があるクラブでね。そこに中村忠師範、大山茂師範（※3）、大山泰彦師範（※4）、郷田勇三師範、そして芦原先輩と佐藤勝昭先輩（※5）と俺とだな。あと誰かいたっけな？　まあ、錚々《そうそう》たるメンバーだったの。一本二十〜三十万円するようなウイスキーが出てきてね。『おー、すげーな！』って勝昭先輩と話したりしてたんだよ。芦原先輩の後ろには二宮城光とか七〜八人くらいが直立不動で立ってたんだけど……今でも覚えてるよ。芦原先輩が二宮たちに『お前ら、これで焼肉でも食ってこい』って言って百万円ポンッと渡したの。百万円だよ、百万円！　びっくりしちゃってさ。勝昭先輩と『すげーな……百万渡したよ』とか言ってたら、芦原先輩が小さい声でボソボソ言うんだよ」

　当時の思い出を楽しそうに語る佐藤先生の語りに、私もどんどん引き込まれていった。

「聞いた後に『なるほどなあ』と思ったんだけどさ、そのとき芦原先輩はこう言ったの。『俊、あいつら百万円ぶんの焼肉なんて絶対に食べないから。食べてもせいぜい一人五千円くらいなもんだよ。そんだけ食べたら腹いっぱいになるから。残ったお金と領収書はあとでちゃんと持ってくるから。でも、ああやってお金をポンッと渡して格好いいところは見せとかないとな』って」

佐藤先生につられて私も思わず笑ってしまった。実に芦原先生らしいエピソードである。

「景気も良かったし、一番良かった時期じゃないかなあ。空手ブームだったし、芦原先生は〝ケンカ十段〟で有名だったし。二宮たちに百万円渡してもまだ財布にはお金があったしね。『俺、今年は月の給料が三百万だったけど、来年は五百万にするから。見てろよ』って言ってたなあ。クルーザーを買うとも言ってた。うらやましかったし、格好良かったよ。僕は本当に芦原先輩に良くしてもらったんだよ。先輩が天国に行っちゃって寂しい限りだよ」

佐藤先生は、「極真会の一会員」ということに対して強い信念をお持ちだった。

「芦原先輩や勝昭先輩との付き合いをどうだこうだ言う人もいるみたいだけど、嫌なら俺を辞めさせたらいいだけだよ。俺は、一会員なんだから」

事実、極真会館を破門になった芦原先生の墓参りに行くことを問題視する声もあったと聞く。それでも佐藤先生はこうおっしゃっていた。

「関係ないって。俺は一会員なんだから。世話になった芦原先輩の墓参りに行って何が悪い？人としてあったりめーのことだぎゃあ！」

破門がどうしたこうしたとごちゃごちゃ言うよりも、人としての筋を通す佐藤先生のほうが何倍も格好良かった。

その後も佐藤先生とは交流させていただいたのだが、ある日の電話で先生がひどく怒っていらっしゃったことがあった。芦原先生のことを書いた書籍が某出版社から出た後のことだったのだが、その本で書かれている内容が事実と違うと言うのだ。その本の中では、芦原先生が永久除名処分にされた極真会館の支部長会議に佐藤先生も出席していたことになっていたり、佐藤先生にもインタビューがなされたような書き方をしていたり、首を傾げざるを得ないような内容だった。烈火のごとく怒った佐藤先生は、著者の連絡先が知りたくて私に電話をかけてきたのだ。

「原田よー、何で俺が支部長会議に出席したことになってんだよ！　俺は支部長なんかじゃないって。なのに会議に出るわけないじゃないか！　秋田には立派な支部長の先生がいたんだから。何度も言ってるけど、俺は一会員なんだよ。代理で支部長会議に出るはずないだろ。しかも、その本のことで取材なんか受けてないんだよ。馬鹿にしやがって！」

怒りがおさまらない佐藤先生は、芦原先生にまつわる真実を書くように私に言ったのだ。実際にこの本を書くに至るにはそれからさらに数年の月日を必要としたが、佐藤先生のこの言葉は大きなきっかけの一つになった。

「原田、書け、書いてくれ！　いいから、俺が許すから。支部長会議に俺が出ることなんか絶対にあるわけがない！　取材も受けてなんかない！　俺が芦原先輩との思い出を特別に語るからよ。絶対に残しておいてくれ！」

今、佐藤先生とのやり取りを思い出しながら、私は大きな後悔に苛《さいな》まれている。

――佐藤先生があのようにおっしゃってくれた後すぐに、この原稿執筆に取り組んでいれば……。

二〇一八年二月、佐藤先生は永眠された。まさに青天の霹靂《へきれき》だった。私の覚悟が固まり、いよいよこの本の原稿の執筆に取り組み始めた矢先の出来事だった。報せを受けてからしばらくは、あっけに取られ茫然自失状態に陥ってしまった。

佐藤先生にこの本をお見せすることは叶わぬ夢となってしまったが、先生と交わした約束を守るためにも書き残さなくていけない。

「俺は、芦原先輩とは良い思い出しかない。本当に世話になった。いつも、『俊〜！　俊〜！』って呼びかけてくれてな。あのウィリー・ウィリアムスとの戦いのときも芦原先輩の声を思い出して頑張れたんだよ。あれがなかったら最後まで立っていられなかった。肋骨《ろっこつ》が折れてボロボロだったしな。あの声があったからこそ、今の自分がいるんだよ」

佐藤先生はいつも「芦原先輩には世話になった」とおっしゃっていた。芦原先生と佐藤先生が天国で再会し、「先輩・後輩」の変わらぬ絆《きずな》の中で美味しいお酒を酌み交わしてくれることを祈るばかりである。

※1　郷田勇三：極真会館（松井派）最高顧問。極真会館初の個人名による公認道場「郷田道場」を運営している。

※2　東孝：早稲田大学極真空手部を創設した空手家。一九八一年に極真カラテでの禁じ手を解禁した「大道塾」を設立。

※3　大山茂：元極真会館世界最高師範。世界各地で空手の指導にあたり、門下生の中には〝熊殺し〟の異名を持つウィリー・ウィリアムスもいる。二〇一六年没。

※4　大山泰彦：大山茂の弟。極真会館を離脱した後は、兄の茂らとともに国際大山空手道連盟を設立し、最高師範に就任。

※5　佐藤勝昭：極真会館での修行を経た後、佐藤塾を創設した空手家。

八幡浜の侍　中元憲義

芦原会館在籍中、自分を飾らず、表に出過ぎず、強くて優しく、最後の最後まで寡黙に自分の筋を貫いた侍のような男。本書でも何回か登場していただいているが、その功績をきっちり書いておきたい人物がいる。

前芦原会館師範、中元憲義氏である。

長年、芦原会館にとっての聖地・八幡浜道場を守り通してきた中元氏は、私の結婚式の際に仲人を務めてくださった大事な先輩でもあった。

あるとき、私が芦原会館二代目館長・芦原英典氏を利用して会館を乗っ取ろうとしているとの噂が出回ったことがあった。

ちょうどその頃は総本部道場で審査会が行われていた時期で、噂は中元師範の耳にも届いているに違いなかった。だが、中元師範はいつもと変わらぬ様子で私に視線を送るだけで、詮索したり噂の真相を確認しに来たりすることは決してなかった。

その姿からは「何があろうと、自分は自分がやるべきことをやる」という決意が溢れていて、見ているだけで姿勢を正される思いだった。私への誤解もその場で解け、元通りの関係に戻ることができた。このときも中元師範から何かを尋ねてくるわけでもなく、こちらを見据えるその目と表情だけで、全てを察しているようだった。

その後も会館の運営に腐心する私の相談に乗ってくださった。

長年芦原会館に在籍され、その貢献度合いは大きい。私自身、中元師範のアドバイスに幾度となく救われた。

――中元師範ほど組織に貢献された方は、それ相応に報われないといけない。

いつしか私はそう思うようになっていた。中元師範のような実績がある方がきちんと認められる体制にならないと、いずれ二代目芦原会館は崩壊するという危機感もあった。貢献しても認められない組織であれば、どんどん人が離れていってしまうに違いない。

芦原先生の一周忌法要を無事に終え、組織が落ち着きを取り戻しつつあったある日、私は中元師範に会いに八幡浜に向かった。

「中元師範、長年にわたって八幡浜道場を支えてくださって、本当にありがとうございました。僕個人の考えではありますが、芦原会館は中元師範の貢献に報いないといけないと考えています。中元師範の独立、そして独立後の中元師範に対する芦原会館としてのサポート。その二つを英典館長と奥様に提案をしてみようと思うのですが、いかがでしょうか？」

中元師範は、しばらく沈黙した後、

「それは、有難いこと。押忍」

とだけ言った。その後はジッと私の目を見るだけだった。

当時、職員ではなかった中元師範に支給されていたのは、交通費としての月一万円だけだった（その後、二宮城光師範が退会したときに、芦原先生の指示で交通費が月三万円に引き上げられた）。

指導料の支払いは一切ない。それが現実だった。空手とは別の生業がある中元氏とは言え、芦原会館に対する彼の貢献に対してその待遇はあまりにもひどかったと思う。

そんな状況の中、中元師範は何一つ文句を言わずに芦原会館のために尽力してくださった。八幡浜周辺の支部での指導の際には、自費でガソリン代を払って道場まで駆けつけてくれた。しかも、その指導には一切の手抜きがない。厳しくも優しい中元師範は、会員からの人望も厚かった。

――中元師範を男にしなければ……！

中元師範の今までの貢献を思えば思うほど、私の中にあるその思いは日増しに強まっていった。私なりに必死に考え、構想を練った。それが次のようなものだ。

中元師範が守り抜いてくれた八幡浜道場を「芦原会館中元道場」として独立させる。そこを中心に愛媛県南予周辺の支部の結びつきを強めていく。芦原会館としては、聖地・八幡浜の道場を中元師範に今まで通りに守ってもらうために経済的な面でサポートしていく。

今まで数例しかなかった「芦原会館からの独立」の成功事例を増やしたかった。その端緒となるべき人物は中元師範をおいて他にいないとも思った。何せ、三十年以上にわたって会館の発展に貢献してきた人物である。若き二代目館長・芦原英典氏が、中元師範の貢献に対する感謝の気持ちを込めて独立を承認するという構図にしたかった。そうすることで、芦原先生の時代との違いを内外に示したかった。

芦原先生にどこまでも誠実に尽くした里先輩でさえ認められなかった独立ではあるが、芦原会館が変わるチャンスだと思った。里先輩が退職なさったときは無力な私だったが、芦原先生の葬儀委員長を務めるほど会館に尽くした自負もある。里先輩の独立を認めてもらえなかったときの悔しさを晴らすためにも、中元師範の独立を何としても成功させたかった。

意を決して、英典館長に中元師範の独立の件を相談した。

「決して他意のある話ではありません。二代目芦原会館の体制をより強固なものにしていくために、中元師範の独立を承認していただきたいのです。そうすれば、八幡浜道場も常に管理していただけるし、皆も『自分ももっと頑張って認めてもらおう』と意気に燃え、二代目芦原会館の体制を盤石なものにできると確信しています。ぜひ、この件を認めてください」

私は必死に訴えて、英典館長も真剣に話を聞いてくれた。

数日後。

英典館長が三階の自室から降りてきた。その足取りは重かった。何となく嫌な予感はしたが、私としても提案が受諾されたのかどうかが気になっていた。

「先日お話しした中元師範の独立の件、いかがでしょうか？」

「お母さんが、あれから泣いていました……。『八幡浜の道場を取られた。道場を取られた』と言って。そんなんじゃないけんって言っても駄目なんですよ。『お父さんが苦労して作った道場を取られる』ってその一点張りで……」

正直、絶望的な気分になった。「独立は認めない」となってしまったら中元師範に顔向けできない。私としては再度誠意を尽くして話すしかなかったのだが、そうこうしているうちに私に対して向けられる視線に変化が生じ始めた。誤解をおそれずに言えば、奥様は私を「要注意人物」と捉えるようになってしまったのだ。

こんなこともあった。

ある日、出勤すると私の机が荒らされていた。引き出しの中のものや、机の上に置いてあった資料など、ありとあらゆるものが調べられた形跡があったのだ。福岡の審査会に行ったときに描いてもらった英典館長と私の二人のイラストが真っ二つに折られ、ゴミ箱に捨てられてもいた。

――奥様は俺のことを相当怪しんでいるんだな……。八幡浜の道場を乗っ取るとかそんなんじゃないのに。

繰り返しになってしまうが、私としては、芦原会館からの独立の成功事例を作りたいだけだった。中元師範でさえそれが許されないのだとしたら、今後、誰一人として独立できないことが明確になってしまう……。

何かが崩れ始めていた。英典氏を二代目館長にすべく懸命に動いた私と中元師範が悪者となり、松本英樹師範代を担いだ西山指導員の立場が優位になり始めた。芦原家から信用も信頼も失い、疎んじられていると感じるようになっていった。

こうして私は長年勤めた芦原会館から退職することになるのだが、その後、中元師範もまるで追われるようにして退会してしまった。

私は退職後、中元師範が辞めるに至った経緯を知ったのだが、聞くに堪えないものだった。

芦原先生の七回忌の法要の際、中元師範は少し遅れて到着したらしいのだが、西山指導員や大阪地区の古参の会員に「師範、こんな大事な日になぜ遅刻するのですか？　理由を教えてください」と詰め寄られたらしい。

　それを聞いて、さすがに私も感情的になった。

――西山先輩なんて、芦原先生の葬儀のときに遅れてきたじゃないか！　連絡もなかなかつかずに、自宅の引越しと言っていたけど、そんなこと一言も報告してなかったじゃないか！

　だが、そんなことを言ったところで仕方がない。二代目館長を中心とした芦原会館の新しい体制が整いつつあったということなのだと思う。その体制にそぐわない人間が要職から外されるのは必然だったということなのだろう。だが、芦原会館はあれだけの功労者を失ったのだ。その損失の大きさに気づいている人間は一体何人いるだろうか。


　現在、中元憲義師範は、自身の道場「中元会館」を設立して活動なさっている。年に一回、少年部の大会を開催し、近年では二宮城光館長と協力体制を組むなどして、その発展ぶりは目覚ましい。

　一方、聖地・八幡浜道場はひっそりしている。現在は芦原先生の奥様のお兄さんが住居として使っていて、道場は未使用である。

　八幡浜から芦原会館の火は消えてしまった。

　そのことが、ただただ残念でならない。

最後の幕引き

憧れだった芦原先生の元で空手修行に打ち込むべく松山にやってきたが、たった数週間で挫折し、故郷に帰ると決めた十八歳のあの日。気づけばそれから十二年の歳月が流れていた。

予想外の出来事の連続で、日々が嵐のように過ぎていった。無我夢中で、必死に前を向いて生きてきた。

芦原先生の葬儀を無事に終えた翌日。

先生の奥様に呼ばれた。

「英典はまだ若くて右も左もわからないので、しばらくの間、組織運営をお願いします」

そして、こんなこともおっしゃっていた。

「正直言って、息子にはあまり空手をさせたくないのが私の本音です……。普通のサラリーマンにでもなってくれたら……。お父さんが、あれほど苦労してきたのを間近で見てきたので。

人前で言ったら怒られると思いますけどね。お父さんから『絶対に人前で、そんなことは言うな！』ときつく叱られたこともあります。でも原田さん、英典が空手の世界に向いてないとわかったら、私はいつでもやめさせる覚悟はできてますので。よろしくお願いしますね」

母親として子を思う気持ちがひしひしと伝わってきた。奥様の信頼に応えるべく、私は「出る杭《くい》」になることを覚悟した。だから、二つ返事で組織運営を引き受けた。誓って言うが、会館を乗っ取るとかそういうつもりは微《み》塵《じん》もなかった。恩人でもある芦原家に報いたい一心だった。

　奥様も、本当に苦労されたと思う。芦原先生と生活をともにする緊張感をどう説明すれば伝わるだろうか。毎日が極限状態と考えてもらうとわかりやすいかもしれない。ジェットコースターに乗っているような日々だったと思う。

　夕食一つとっても、芦原先生からどんな要求が飛んでくるかわからない。何があっても大丈夫なように、様々な食材を用意してどんな料理でも作っていらっしゃった。芦原先生がお亡くなりになり、奥様も力が抜けてしまったのだろうか。しばらくの間、夕食を作る気力がなくなってしまったように見受けられた。

　そして、奥様は弟子たちの前ではいつも笑顔だった。厳しい芦原英幸の妻の責務として、あえて自らに課していたのかもしれない。

芦原先生は明け透けなところがある方だったので、笑いながら夫婦喧嘩の話をしてくださったこともある。

「俺はマスミに一度殺されそうになったことがあるわい。俺が寝ているときに、顔めがけて日本刀を振り下ろしてきてな。寸前でバッと避《よ》けたからよかったけど、枕がばっさり真っ二つよ！　真剣だからあったり前だよな。なっ、原田！　女の腕力では刀は途中で止めれんわいな。ハッハッハッ！」

数ある夫婦喧嘩の中でも、芦原先生はこの話がお気に入りだったようで、何回も聞かされた。身振り手振りを交えながら語るのだが、そんな芦原先生を懐かしく思い出すこともある。

その話をするときに隣で奥様が聞いていることもあって、二人で若い頃を思い出しては仲良く笑っていた。

私は、そういう二人に世話になったのだ。そのご恩に何としてでも報いなければいけない。芦原先生が亡くなってからも、私は必死に働いた。二代目芦原会館の体制を盤石なものにするためにトコトン動いた。芦原先生の一周忌を行うまでの間は、一日か二日しか休みがなかったように記憶している。

毎日の稽古指導はもちろん、週末になれば全国のどこかで行われている審査会に顔を出した。国内だけでなく海外支部の統括も大きな仕事だった。芦原先生に先立つこと一年前に亡くなった大山倍達先生。偉大なる初代亡き後、極真会館は分裂した。芦原会館がその二の舞にならないように、私はとにかく必死で働いた。

その動きが勘ぐられて「組織を乗っ取ろうとしている」と思われたのだろうが、私は秘かに「二代目体制が固まったら、自分の空手人生にピリオドを打とう」と心に決めていた。自分がやるべきことを見定め、一つずつ実行していくことしか考えていなかった。

同時に、芦原先生に頼まれていた書籍の執筆編集作業にも取り組んだ。芦原先生が文字盤を通じて残された魂の言葉をまとめた『芦原英幸　いのちの言葉』は一九九六年に刊行され、嬉しいことにベストセラーになった。

その書籍の印税の一部を奥様から有難くも頂戴し、それを使って次に取り組んだのが、芦原会館の組手世界大会をデンマークのビボー市で開催することだった。芦原先生の功績を称えるとともに、芦原英典二代目館長を海外のメンバーも一緒になって支えていく契機になれば、との思いだった。

それは、私にとっても未知の挑戦だった。

結果としてその世界大会は成功をおさめることができたのだが、経済力が乏しい国の会員をサポートすることができたことも大きな収穫だった。

印象的だったのが、遠くモンゴルからユーラシア大陸を一週間かけて列車で移動し、この世界大会に駆けつけた選手が参加したこと。そういう選手のために芦原会館が経済的なサポートをしたことは組織としても大きかったと思う。本人たちも心から感謝してくれた。そういう選手も交えた組手を通じて、世界の会員が親睦を深めることができたのも意義深いことだった。

その他にも『芦原英幸　いのちの言葉』の英語版の販売を実現させるべく動き、組織の引き締めをはかるために世界支部長会議も実施した。

その時期、私の妻は出産を間近に控えていたのだが、芦原会館のために遮二無二動く私の行動に不安を覚えたのか、

「なぜそこまでするの？」

と泣かれたこともあった。

芦原先生の一周忌まではあっと言う間に過ぎていった。そして、前述したように中元憲義師範の独立の話を切り出したあたりから、私は芦原家に疎んじられるようになってしまったのだ。

「原田はクーデターを画策している」

「自分に都合の良いように組織を動かしている」

などと英典館長に吹聴するメンバーも現れ出した。出る杭になる覚悟でやってきたことだ。そう言われても気にしないようにしていたが、いつしか芦原家からも「原田は要注意人物」というレッテルを貼られるようになってしまった。

捨て身の正義が、保身や我欲に呑み込まれていく——。心ある歴代職員たちが経験してきた試練が、私の身にも影のように忍び寄ってきていたのである。

そして、芦原先生の葬儀から四年が経った在籍十二年目。あらゆる歪《ゆが》みが限界に達した。英典館長も立派に成長され、自分の判断で組織を動かしていこうという意志が見え始めてもいた。

——私にできることは十分過ぎるほどやり尽くした……。

率直にそう思った。この組織における自分の役目は果たした。あんな鼻たれ小僧だった私でも、逃げずにここまで来ることができたのだ。芦原先生にも組織にも、十分お役に立てたと思う。一年足らずで尻尾を巻いて故郷に帰ろうとしたあの頃から十二年の月日が経過したのだ。こんなに長く松山にいることになるとは本当に想像もしていなかった……いや、想像なんかできるはずもなかった。

空手界の歴史の分岐点で奔流に呑まれることになるなんて思ってもみなかった。もうここで直弟子修行の幕引きをさせていただいても、芦原先生もきっと納得してくれるに違いない。私が憧れていた師匠はもう亡くなってしまったのだ。私は、最後の幕引きとして心に秘めていたことを実行しようと考えた。

スパッと職員を退職し、空手自体をやめる。そうすれば、芦原家の心配の種もなくなるだろう。空手をやめてしまえば、きれいに事業承継が完了するだろう。

――これからは、サラリーマンになって、家族のために時間を費やそう。

私は、三十歳になる年に辞表を提出した。

奥様からは多額の退職金をいただいた。これまで辞めていった先輩たちを見ていたので、それがいかに特別なことかと驚きを隠さずにはいられなかった。

退職が決まった日、私の胸に広がったのは安堵感だった。

一片の後悔もないほど組織に尽くした自負があり、そんな自分が少しだけ誇らしかった。芦原先生には及ぶべくもないが、私なりに「自分の道」を歩いてこれたのではないかと思っている。

長々と書いてきたが、これが名もなき一人の青年が伝説の空手家・芦原英幸に拾われ、激流の中で必死に生きてきた軌跡である。

芦原会館の退職とともにやめるつもりだった空手だが、福岡初彦氏との出会いがあり、幸いなことに今も継続して取り組んでいる。

この先、空手界の転換点に立ち会えるようなことがあるのだろうか。

それはわからない。神のみぞ知る領域なのかもしれない。

だが、私が空手から教えてもらったことを、少しでも何らかの形で恩返しができるならば……。そして今後の空手界のために少しでも役立つことがあるのであれば……。

そのときは、どんな役割でも喜んで引き受けさせていただこうと思っている。

あとがきに代えて

芦原先生の葬儀を終え、全ての後片づけを済ませ、ふと空を見上げたときの、何もかもが哀しく虚《むな》しかった気持ちは今でも強く心に残っている。

十八歳で芦原先生に拾っていただいてから、奔流に呑み込まれたような時間を過ごした。あっと言う間に月日は流れていった。

多くの苦労を思い出すが、芦原会館に勤務した十二年間に後悔は少ない。

ただ一つ悔いがあるとすれば、空手の修行に明け暮れることができなかったという点だろうか。

松山に来た本来の目的は空手の修行であった。伝説の空手家・芦原英幸の元で、心ゆくまで稽古に明け暮れたかった。厳しい組手を通じて心技体の全てを高めていきたかった。だが、本書に記した通り、現実はそれを許してくれなかった。その点に関しては、ほぞを噛むような思いに駆られる。

だが、それは私の息子たちに託そうと思う。

私が芦原英幸から学んだのは、侍の刀のような切れ味を誇る組手だった。簡単にその領域に到達できるわけがないことは重々承知しているが、いつの日かその高みに到達できるように導いていきたい。

私が芦原先生の元で修行していた頃は、他流派との交流は一切禁じられていた。大会に出場することもできなかった。それだけでなく、他流派の先生による本や教則ビデオに接することも禁止。見つかれば即破門という異常な環境だった。

大好きな空手が二度とできなくなってしまう——そんな恐怖心に苛まれ、どんな理不尽に対しても「押忍」としか答えることができない日々であった。

そんな苦い経験を今の世代の子たちにさせたいとは思わない。もっと自由な空気の中で空手修行に打ち込める環境を作ってやりたいと思う。

だが、空手界は端から見ると厄介な状況になっていることも事実である。星の数ほどの団体があるが、「寸止め」と「フルコンタクト」で流派が大きく二つに分かれており、双方に交流はほとんどない。

今年開催される東京オリンピックにおいては、空手道が正式種目になっているが、採用されたのは寸止め空手である。

オリンピックという大きなイベントに向けてフルコンタクトの空手ルールを採用している流派も大同団結がなされはしたのだが、その過程において様々な思惑が入り乱れてしまい、一枚岩とは言い難い状況である。一番大きな問題は、極真会館が二つに分かれて対立状態にあることだ。この問題をクリアしないことには、「寸止めルールとの併合」と言う、より大きな課題に取り組むことはできない。

この分裂をまとめるのは並大抵のことではない。だが、空手界の未来のためにもそんな人物が現れることを期待してしまう。多数決では何も決まらない状況において、不可能を可能にするのはたった一人の異端児なのではないかとも思っている。

流派や団体で枝分かれしてしまっている空手界。

我が師・芦原英幸はそんな空手界の「天下統一」のために獅子《しし》奮迅《ふんじん》の働きをした織田信長だった。残念ながら道半ばで倒れてしまったが、芦原先生亡き今、豊臣秀吉となって空手界を一つにまとめる人物は現れるのだろうか。

確かなことは何も言えないが、水面下では歴史を動かすマグマが今にも火を噴かんとしているように思えてならない。

私も空手界を盛り上げていくために持てる力の全てを注ぐ覚悟である。もちろん、「大好きな空手のために」という思いも強くあるのだが、空手を今よりも盛り上げることこそが我が師匠・芦原英幸への恩返しだと思っているからである。

原田寛

本書はメールマガジン「まぐまぐ！」で配信した
「拾われし者〜人間・芦原英幸と直弟子達〜」の原稿を加筆修正し、
再構成したものです。

ブックデザイン　幻冬舎デザイン室
カバー写真　著者提供

〈著者紹介〉
原田 寛　1969年、福岡県北九州市生まれ。国際空手道連盟如水会館館長。〝ケンカ十段〟の異名で知られた伝説の空手家・芦原英幸の最後の直弟子として修行。独立後、日本をはじめ十ヶ国以上に道場を展開し、空手道を通じた青少年健全育成と国際交流事業に力を注ぐ。愛媛県松山市在住。

最後の直弟子が語る
芦原英幸との八年間
2020年4月15日 第1刷発行
2020年5月30日 第2刷発行

GENTOSHA

著　者　原田 寛
発行人　見城 徹
編集人　菊地朱雅子
編集者　有馬大樹

発行所　株式会社 幻冬舎
〒151-0051 東京都渋谷区千駄ヶ谷4-9-7

電話:03(5411)6211(編集)
03(5411)6222(営業)
振替:00120-8-767643
印刷・製本所:株式会社 光邦

検印廃止

Printed in Japan
ISBN978-4-344-03594-2 C0095
幻冬舎ホームページアドレス　https://www.gentosha.co.jp/

この本に関するご意見・ご感想をメールでお寄せいただく場合は、comment@gentosha.co.jpまで。